塀の中のジャンヌ・ダルク

Paix❷ プリズン・コンサート五〇〇回への軌跡

鹿砦社編集部 編

鹿砦社

▲網走刑務所

北は網走から南は沖縄まで「ぺぺ・カー」は行く!!

▲帯広刑務所

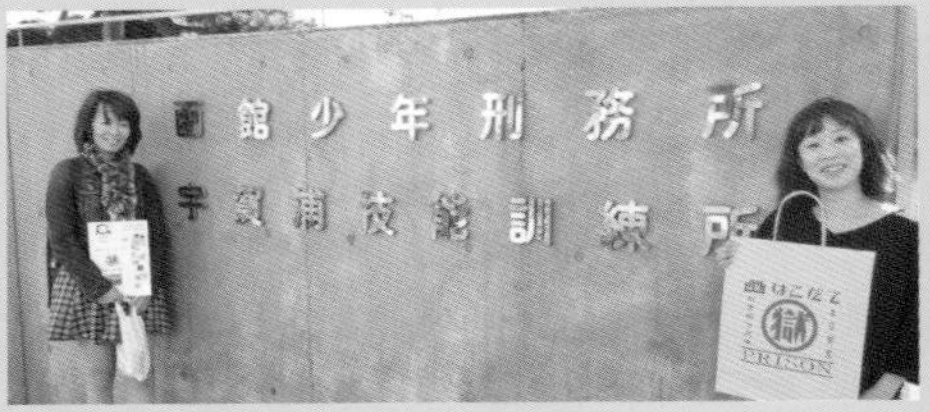

▲函館少年刑務所

▲札幌刑務所

▲旭川刑務所

▲刑務所に入る「ぺぺ・カー」

▲札幌刑務支所

▲千葉刑務所（第 200 回、400 回プリズン・コンサート）

▲青森刑務所

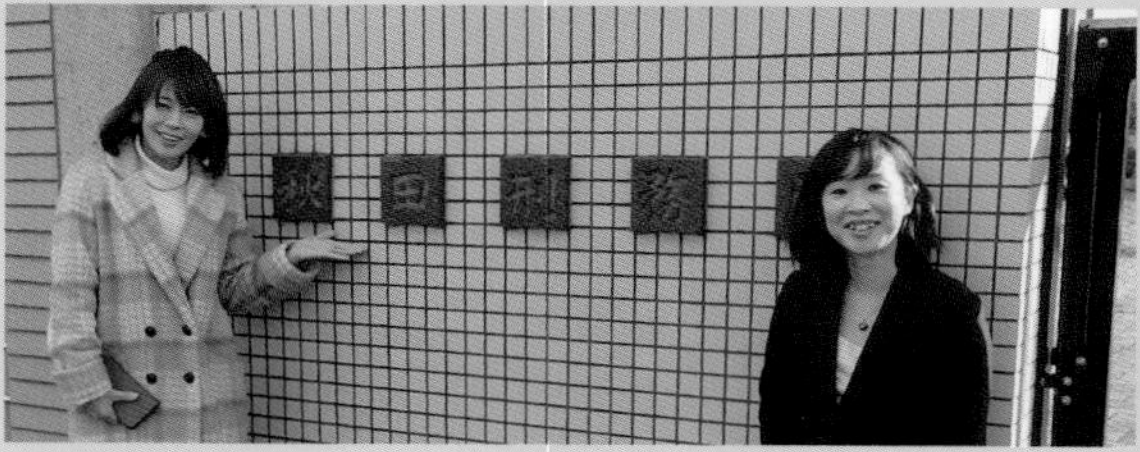

▲秋田刑務所

▲栃木刑務所

▲榛名女子学園

▲山形刑務所

▲東北少年院

▲新潟少年学院

▲三重刑務所（第 300 回プリズン・コンサート）

▲横浜刑務所（第 500 回プリズン・コンサート）

▲京都刑務所

▲前橋刑務所

▲美保学園

▲奈良少年刑務所

▲静岡刑務所

▲岐阜刑務所

▲鳥取刑務所（第1回プリズン・コンサート）

▲山口刑務所

▲島根あさひ社会復帰促進センター

▲筑紫少女苑

▲大分少年院

▲北九州医療刑務所

▲高知刑務所

▲沖縄刑務所

▲松山刑務所（第100回プリズン・コンサート）

あんなこと、こんなこと ありました

▲防衛大臣感謝状を受ける（2012 年 12 月 19 日）

▲ハワイ公演（2012 年 10 月 22 日）

▲ 12 周年記念公演（2013 年9月7日）

▲法務省矯正支援官任命式（2015 年4月 22 日）

▲うるぎ星の森音楽祭（2015 年7月 25 日）

▲第 65 回社会を明るくする運動 講演会（2015 年7月1日）

川畑さおりさん（左から2人目）とのジョイント・コンサート（2014年11月29日、大阪・アムホール）

▲第2回ムゲン（∞）フェス（2019年11月26日）

▲米子鬼太郎空港（2014年10月4日）

▲日本最北端にて

▲法務大臣感謝状を受ける（2016年12月13日）

▲第400回プリズン・コンサート（2016年12月10日、千葉刑務所）

朝日新聞
2014年（平成26年）1月10日　金曜日　14版　2

矯正施設で公演を続ける女性デュオPaix²（ペペ）

ひと　北尾《きたお》　真奈美《まなみ》さん(35)　井勝《いかつ》　めぐみさん(38)

「受刑者のアイドル」と呼ばれる。2000年12月、鳥取刑務所が最初の「プリズン　コンサート」の会場だった。灰色の服に身を包んだ丸刈り頭の男性が何百人も整然と座っていた。「目がギョロッとこちらを向くのです。緊張で体が震えてしまいました」

以来、公演は通算334回。車の総走行距離は100万㌔超。全国にある矯正施設のほとんどを回った。「多くの人の支えに感謝したい」と近くギネス世界記録への登録申請の手続きをする。

大学職員だった北尾さん＝左＝と、看護師だった井勝さん。故郷・鳥取で開かれた歌謡イベントで知り合った。「Paix」（ペ）とはフランス語で「平和」という意味だ。地元警察署の一日署長を務めたことが矯正施設を回るきっかけとなった。

被害者の心情を考え、「慰問」という言葉を使わない。ステージでは「もう二度と罪を犯さないで」と語りかける。無表情だった受刑者も笑顔を見せ、最後は涙。「生きる勇気と希望をいただきました」と社会復帰した人から手紙やメールをもらうこともある。

今年最初の「プリズン　コンサート」は2月15日の黒羽《くろばね》刑務所（栃木県）。「一人一人が命の大切さを考え、行動することで犯罪は減っていくはずです」。400回でも500回でも自分たちの歌声を届けようと誓い合っている。

文・小泉信一　写真・山本和生

きょうの人

井勝《いかつ》めぐみさん(38)　北尾《きたお》真奈美《まなみ》さん(36)

全国の刑務所や少年院などで342回もコンサートを開いてきた。2人には18日、東京保護観察所で保護司の委嘱状が手渡される。

刑務所コンサート「心のスイッチ押したい」

北尾真奈美さん（左）と井勝めぐみさん

保護司に任命されたデュオ「Paix 2（ペペ）」

デュオを結成したのは平成12年。井勝めぐみさんと北尾真奈美さんの出身地である鳥取県の倉吉署で一日署長を務めた際に勧められ、「プリズン・コンサート」を始めた。さわやかな歌声が受刑者らの心を動かしている。

初舞台は鳥取刑務所。受刑者を前に10曲を歌った。緊張でマイクを持つ手が震えたが、「楽しかった」「ありがとう」と書かれた感想文を読み、力が湧いた。人づてに人気が広まり、全国の施設から声がかかるようになった。レパートリーの中で最も盛り上がるのが「元気だせよ」だ。

「♪元気だせよ　あきらめないで　元気だせよ　夢をつかもうよ」

前向きな歌詞を優しく歌う。「ガチで元気が出た」「まじめになって早く出所したい」。熱い思いがつづられた手紙が絶えない。

ある日、街でライブ中に観客席の最前列で涙を流している女性を見つけた。「刑務所にいたときの気持ちを思い出した」という元受刑者だった。「立ち直れるかは本人次第。でも、私たちの歌がきっかけぐらいにはなるかもしれない」

「刑務所のアイドル」とも呼ばれる2人。同観察所長から「受刑者の気持ちが分かるはず」と保護司就任を打診された。「私たちでできるか不安です」と心境を語るが、表情は明るい。出所者の社会復帰を助けるNPO法人を設立する構想もある。「心のスイッチを押せるような活動をしたい」と力を込めた。（池田証志、写真も）

産経新聞　2014年9月18日（木）

新聞でもよく紹介していただきました
（左・朝日新聞2014年1月10日、右・産経新聞同9月18日）

＊6～8ページの写真は第300回プリズン・コンサート以降のものです。これ以前の写真は前著『逢えたらいいな』をご覧ください。

鹿砦社のイベントや忘新年会でもよく歌ってくれました
（左・創業50周年の集い、右・ある年の忘年会）

はじめに

　この国の将来が案じられて久しいですが、蔭ながら崇高な活動をされている人たちに時に出会うと、頭が下がり、「日本もまだ捨てたもんじゃないな」と感じます。

「プリズン・コンサート」と自称する、刑務所や少年院などの矯正施設でコンサートを二十年も持続しているPaix^2《ぺぺ》の活動もそうです。それも先になんと五〇〇回を達成いたしました。誰にもできることではありません。私たちがプロ並みに歌えても、ギターを弾けても、車を運転できても、お金や時間があっても、到底できるものではありません。強靭な志がなければできません。

　しかし、マスメディアがPaix^{2}の活動を公正かつ適格に報じているかといえば首を傾げます。また、メディアやイベントにもさほど姿を目にしません。経済的にも恵まれていません。

　国は彼女らの活動をもっと顕彰すべきです。経済的にも少しは支援すべきです。もっと言えば、大晦日の『紅白歌合戦』には、Paix^{2}のような歌手を一組ぐらいは出場させてもいいのではないでしょうか。

　本書は、前人未到のプリズン・コンサート五〇〇回を達成したPaix^{2}への、私たちからのささやかな贈り物です。読者の皆様、Paix^{2}の清々しい想いをしっかり踏まえお読みください。

二〇二〇年六月

鹿砦社編集部

塀の中のジャンヌ・ダルク――Paix²プリズン・コンサート五〇〇回への軌跡　目次

I　Paix² 五〇〇回目のプリズン・コンサート（二〇二〇年一月十八日、横浜刑務所）密着レポート

田所敏夫

公演前日の準備

横浜刑務所到着

Paix² が矯正施設での「プリズン・コンサート」を行う時は、通常公演の前日に音響機材を会場に搬入する。五〇〇回記念を迎える二〇二〇年一月十八日の前日、十七日到着予定の一五時丁度より早く一四時三〇分頃に片山マネージャーが運転する、一トン近くに及ぶ音響機材とめぐみ（Megumi）さん、真奈美（Manami）さんを乗せたワゴンが横浜刑務所に到着した。暖冬から、この日は一転して気温が下がっていた。

私はそれよりも早く横浜刑務所に到着し、刑務所担当者にあらかじめ伝えてあった取材予定の確認を行い、快く承諾いただけた。五〇〇回の記念公演ということに、横浜刑務所の所長以下職員の方々、さらには入所している受刑者らも歓迎の意に溢れ、Paix² だけではなく、取材陣も迎え入れる準備がなされていることが伝わってきた。

機材搬入

今回の会場は機材の搬入に、踊り場を含めて三〇段の階段を上らなければならない。横浜刑務所職員の方々の協力を得ながら、「歌手」である二人も音響機材を会場となる講堂に運び込む。正確ではないが機材の中には一つで二〇キロ近いと思われる重量のケースもある。体の丈夫な若い男性でも、下手をしたら腰を痛めるような重量の機材を、ピンクの軍手に掌を包んだめぐみさんは慣れた手つきで運んでゆく。

私も目前でキビキビ動くみなさんの姿に、撮影ばかりしているのが心苦しくなった。比較的小さなケースなら

横浜刑務所に到着したPaix^{2}の２人。右奥は片山マネージャー

ワゴンに積まれた機材

機材を自分たちで運ぶ

受刑者によって並べられた椅子、椅子、椅子

こちらも受刑者作成の看板

音響をセッティングする片山さん

自分でも運べるかもと思い手を出したら、片山マネージャーから「怪我しますよ。やめたほうがいいですよ」と声がかかった。すぐにわかったが、これは的確なアドバイスだった。私が手を出した箱は、外見は大きくはなかったが、カメラを片手に持ちながらバランスをとって階段を上ぼることのできる重量ではなかった。

今回の会場は大きな講堂でステージが広く、スポットライトも準備されている。プリズン・コンサートの会場には七〇〇席近い椅子がすでに並べられている。

椅子の設置は受刑者らが担当したと、刑務所の職員から伺った。ステージにはやはり受刑者が作成した「五〇〇回記念公演 Paix^{2}」の大きな看板が目を引く。正面から見ただけではわかりにくいが、「五〇〇回記念公演」の部分が発泡スチロールのようなもので立体的に作られていて、Paix^{2} の二人もしきりに感激していた。

音響機器セッティング

会場への音響機材搬入が終わると、休む間もなく音響機材のセッティングが始まる。部分的に刑務所職員の方に手伝ってはもらうが、基本的にはPaix²と片山マネージャーの三人しか機器の設定位置や方法はわからない。

会場の大きさや座席数を見て、片山マネージャーはまず、聴衆の座る後ろのどの位置に音響調整ブースを設けるかを判断する。今回はステージに向かって右後ろに「取材陣と接触したくない受刑者」の席が準備されていたので、必然的にその反対側に音響調整ブースの位置が決まる。

アンプ、ミキサーをはじめとする機材が順番に机の上に並んでゆく。めぐみさんに「足腰を痛めたことはないですか?」と聞くと、「それがないんですよ。看護師時代の経験が役に立っているのかもしれません。ベッドの患者さんを起こしたりする時に、足に力を入れて体を使うことを覚えました。上半身を使うとたぶんダメなんです」と教えてくれた。それにしても過酷な重労働にもかかわらず体を痛めなければ、筋肉質になることもない。「太くも細くもならないんですよね。健康に生んでくれた親に感謝です!」小柄ながら驚くほどの力持ちのめぐみさんは、顔に汗をにじませるでもなく(こちらはすでに汗だくであった)息を切らすこともなくニコニコ答えてくれた。

音響調整ブースとステージ上のスピーカーなどは、ケーブルでつながなければならない。刑務所の講堂でのコンサートの際には、聴衆の周りを多数の刑務官の方々が取り囲むのが一般的だ。だからケーブルは会場に入る人々の足手まといにならない位置を選んで、しかも、絶対に断線させられることのないように注意深く敷設され

ケーブルとコネクターを取り出す

壁に沿って配線していく

階段もコンサートの邪魔にならないよう配線

る。そして一見どこにも（ステージ上にも）ケーブルがないように配慮しながら、数本のケーブルをまとめてテープで固定してゆく。力よりも神経を使う作業であることがよくわかる。

音響調整ブースとステージの間のケーブル敷設が終わると、コネクターに各ケーブルを差し込み、片山マネージャーが、機材の特性に合わせた順序でスイッチを入れてゆく。

肉声では声が届きにくいほど離れた距離なので、ステージと音響ブース双方、マイクを使って確認しながらの作業だ。チェックを行っていると、ステージ上の真奈美さんのモニタースピーカーの音声が出ていない。

ケーブルのうち一本が、本来差し込まれるべき場所とは違うコネクターに接続されていることがわかり、再度正しい位置にコネクターを差し込み直したら、順調にモニターから音が出るようになった。

リハーサル

音響機材のセッティングが終わると、早速リハーサルだ。Paix²が横浜刑務所に到着してから、セッティングを終えるまで約四十五分。全国すべての会場で公演を重ねた経験が、まったく無駄のない電光石火の設営作業の手際良さとなって表われる。

リハーサルではモニタースピーカーの音声やバランスを確かめながら、会場最後尾のブースで音響をコントロールする片山マネージャーと舞台上の二人との間で細かいチェックが続く。楽曲の演奏を流しながら各楽曲ごと

モニタースピーカーのチェック

セッティングが終わればすぐにリハ

音響の確認をする片山さん

に、会場に届く音を確認する。一度セッティングしても楽曲により、音の大きさやバランスの微調整が必要なので、ステージと音響ブースで、念入りに調整をしながら本番さながらの真剣さで、音声とギターなどの楽器のバランスを精密に整える。

最高のクオリティーを最短時間で作り出すためのリハーサルは、限られた時間の中で、終了した。

五〇〇回記念公演当日

早朝到着、最終チェック

一月十八日、Paix²と片山マネージャーは七時三〇分に横浜刑務所に到着し、最終のチェックを行う。音響のチェックは済ませてあるので、最小限度にとどめ舞台の幕が開くタイミングなどをチェックする。

その後コンサートを聴く受刑者らが順次会場に入り（専門用語で「くりこみ」と呼ばれる）着席して開演を待つ。受刑者らは日頃十五ほどの工場に分かれ作業をしている（解説してくれた職員の話）。横浜刑務所は重犯で刑期の長い人を収容する施設だ。受刑者の中には、入所以前に対立する勢力であったり、仲の悪い関係の人たちもいるとのことで、会場の入場に関しては刑務官の方々が、かなり神経を使っているのがわかる。

会場に入って着席した受刑者らは「目を閉じて」待つように、刑務官から指示を受け、開演を待つ。

今回の五〇〇回記念「プリズン・コンサート」にはテレビ局二社の他に、十五名のマスコミ関係者が集まった。横浜刑務所の担当者の方々は、制約が多い刑務所内の取材ではあるが、取材に最大限の配慮をされた。開演前に取材についての注意点が説明され、講堂内の待合室に取材記者一同が通された。刑務所内には取材記者であっても携帯電話、タバコ、ライター（マッチ）などの持ち込みは許されないので、待合室に荷物や携帯電話などを預けて取材陣は会場へと誘導される。横浜刑務所の玄関から会場の講堂に入るためには、複数回の鍵がかかった関門を経る必要がある。取材陣を誘導する職員の方が暗証番号を押し、センサーに掌をかざし開錠し、取材陣は一団となって講堂へ導かれた。

公演前の２人

くりこみ前に確認する職員

着席した受刑者を確認する職員

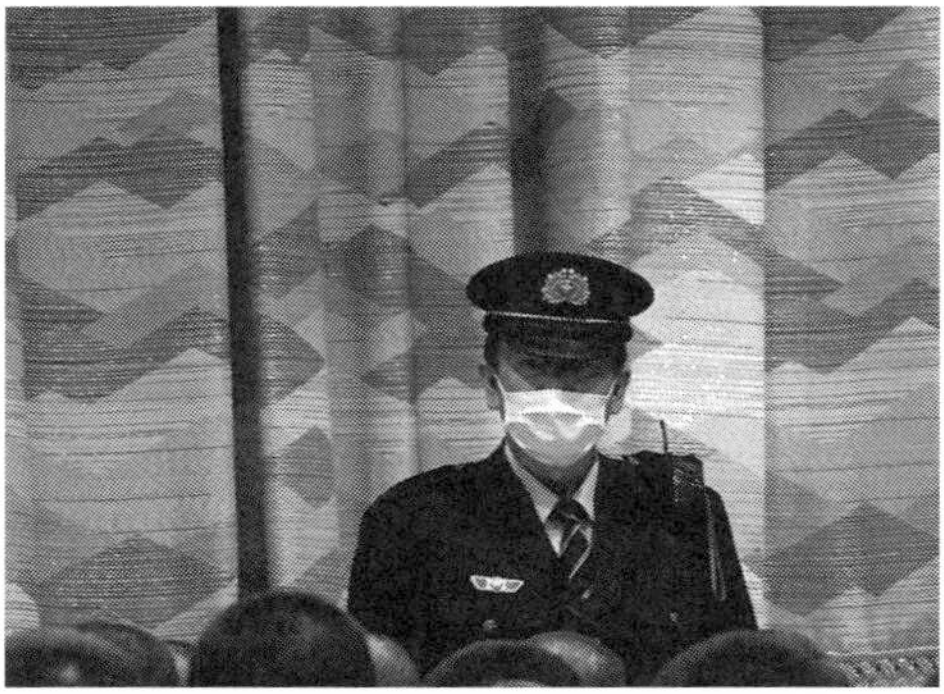
全体に目を配る職員

コンサート開始

公演開始

「みなさんお待ちどうさま。本日は矯正支援官Paix^{2}のお二人による『プリズン・コンサート』です。Paix^{2}のお二人は平成二十八年の一月当所を訪問されておりますので、記憶に新しい人も多いのではないでしょうか。

お二人の活動は平成十二年の十二月鳥取刑務所から始まりました。矯正施設でのコンサートは今回で五〇〇回となります。ここ横浜刑務所で記念公演を実施していただけることは大変光栄なことです。ありがとうございます。ちなみに横浜刑務所でのコンサートは四回目です。

みなさん、注意事項を守って精一杯応援してください。注意事項は、基本的に公演中Paix²のお二人からご指示があります。その指示に従ってください。拍手の位置は肩より下でお願いします。それからPaix²のご意向により歌詞に合わせて手を挙げる場面があるかもしれません。その場合は周囲の人とぶつからないようにしてください。よろしくお願いします。

きょうはマスコミの方がたくさん来ています。カメラが入りますのでご了承ください。それではマナーを守って応援してください。盛大な拍手でPaix²のお二人をお迎えしましょう！ 拍手！」

司会の刑務官の案内で拍手が沸き上がると『ふるさと』のイントロが会場に流れ、九時四〇分に予定通り、ステージの幕が開き五〇〇回目の「プリズン・コンサート」が始まった。

「ありがとうございます！ 今回四年ぶりに寄せていただきました。みなさん、おはようございます！」

真奈美さんが会場に呼びかけるが反応はない。横浜刑務所に限らず刑務所での慰問やイベントでは、一般に受刑者が声を出すことも禁じられている。反応がないのは規則通りなのだ。しかしPaix²が刑務所内で作り出す時空は違う。真奈美さんは再度会場に呼びかける。

「大丈夫ですよ！ みなさん、元気出していきましょう。おはようございます！」

「おはようございます」

今度は声が上がった。

「まだ元気ないですね。後ろの方も元気出していきましょう！ みなさん、おはようございます！」

「おはようございます！」

野太い声やしっかりした声が講堂に響いた。真奈美さんは、「四年ぶりなんですが、今回Paix²のステージを

めぐみさん

真奈美さん

初めて生で観る方はどのくらいいらっしゃいますか？　拍手でお願いします」

それほど大きくない拍手が聞こえた。

「では、何回か聴いてるよ、という方は？」

かなり大きな拍手が起こった。前述の通り横浜刑務所は刑期の長い受刑者が入所しているので、Paix^{2}と初対面ではない受刑者が多数を占めたのだ。私の手元には当日の音源がある。Paix^{2}登場までの録音では、刑務所独特の、張り詰めた緊張感が伝わってくる。が、いったん彼女たちが舞台に登場したあとの録音を聴いた人は、歓声がないことを除けば、刑務所内のコンサートだとは感じないであろう。

二曲目はさだまさし作詞・作曲の『いのちの理由』のカバーだ。めぐみさんのフルートから始まるこの楽曲は、多くのミュージシャンがカバーしているが、最初にカバーしたのはPaix^{2}だった。次いで『歌いたい』『幸せでありますように』の二曲が続いた。

少し長いトークの場面では真奈美さんとめぐみさんの絶妙な呼吸が印象的だ。回を重ねるごとに洗練されてきたのであろう。語りを専門にしているプロ（漫才師）のような受け答えは、受刑者に訴求するような刑務所での専門用語や、普通の「慰問者」であれば許されないような、デリケートな笑いを誘う内容も入り混じる。本当に呼吸が素晴らしい。

そんなトークの中で、真奈美さんが東京オリンピックの聖火ランナーに選ばれたことも披露された。横浜刑務所に入所している受刑者の多くには彼女が走る姿を見ることは、ほぼ不可能だろう。でも彼女たちは「間に合う人はぜひ見に来てくださいね」と語りかける。隔絶され堀の外とはまったく異なる規律の中で暮らす受刑者へ向けて発するには勇気の必要なメッセージだ。

盛り上がる十八番『元気だせよ』

NHK教育番組『ひとりでできるもん』のエンディングで使われた『SAYいっぱいを、ありがとう』に次いで、Paix²デビュー曲であり十八番の『元気だせよ』を歌い上げる順番になった。この曲では拍手だけでなく「元気だせよ！」の歌詞に合わせて受刑者に拳を上げるポーズがPaix²から求められる。

刑務所は訪れたことのない方には想像ができないほど、細かく規則が定められており、禁止条項も多数ある。むしろ自由に振る舞える時間や空間が極めて限られている場所だといっても過言ではない（「矯正施設」であるので仕方がない面はあろう）。受刑者が八〇〇人近く集まった場所では、なおのこと刑務官の緊張も高まる。この日の公演の間も五〇人近くの刑務官が、受刑者の周囲や、中央の通路で違反行為はないかを見守っていた。

そんな集まりで、受刑者が「元気だせよ！」と声を上げながら拳を突き上げる行為は、Paix²のコンサートの時だけにしか許されない行為だ。そもそも刑務所の中では「元気を出そう」とするとその行為はほとんど、規則違反になってしまう。だから限られた時間で受刑者に普段は、けっして許されない「声を上げながら拳を突き上げる」特別な時間を体験させてあげたいとPaix^{2}は考えているのかもしれない。

「それでは私たちのデビュー曲で、鉄板の曲行きたいと思います。『元気だせよ』というフレーズが何度も出てきます。その時に手を振り上げながら『元気だせよ』というのが振り付けなんです。きょうはこれをみなさんにも一緒にやっていただきたいと思います。きょうは『Paix^{2}の自由にやってください』と許可をいただいていますから大丈夫です。みなさんやってくれますか?」

真奈美さんが大きな声で受刑者に問いかけたら、即座に拍手が沸き起こった。

「では練習してみましょう、『元気だせよ』」

真奈美さんの声に合わせて、会場のかなりの受刑者が拳を振り上げた。しかし「いいですけど、全員じゃない

『元気だせよ』での盛り上がり

ですね、『指示違反』でしょうか？　いいって言ったじゃないですか。大丈夫ですよ」とめぐみさんが刑務所専門用語を用いて、さらなる元気を引き出そうと誘導する。こんどはさらに多くの拳が上がった。

「いいですね。では声を出してもう一度やってみましょう」と真奈美さんが呼びかけると、控えめな声が会場から聞こえた。「まだ声が小さいですね。自分を信じ切れていないような（笑）。声は小さくても大きくても一緒ですから。連れていかれる時は連れていかれますからね」と冗談交じりに受刑者の心を和ませる。

「ただ、お隣が狭いと思います。嫌な人が横や前にいるからといって殴らないようにだけお願いします。その時はすぐ連れていかれますので。私たちもそこまではフォローしきれませんので。ぶつかったら『ごめんなさい』と謝ってください。それでは行きましょう『元気だせよ』」

真奈美さんの呼びかけで『元気だせよ』が始まった。

受刑者の拍手や声援の中、無事『元気だせよ』が終わった。というのは、時として『元気だせよ』の非日常性に興奮して、やや脱線してしまう受刑者が出ることもあるのだ。私は千葉刑務所で行われた四〇〇回記念プリズン・コンサートを取材したが、その時には興奮が収まらない受刑者が刑務官に連れ出される場面に遭遇した。この日は混乱もなくこの楽曲が終了し、取材しながら、ややほっとした。次いで『借金大王』を歌い上げたあと、ふたたびトークの時間となった。

いよいよフィナーレ

鹿砦社から出版された『逢えたらいいな』に収められた、読者からの手紙を真奈美さんが朗読する。服役中の

『逢えたらいいな』から朗読する真奈美さん

受刑者からの花束贈呈

感動のフィナーレ

お父さんに面会しに行った家族からのメッセージだ。加害者の家族としての苦悩、被害者に対する思い、そして絶望から希望が詰まった手紙を読み上げることで、Paix^{2}は彼女たちが受刑者に伝えたいメッセージを付託しているのかもしれない。毎回朗読されるこの手紙には続きがある。本書Ⅷ章に収録されている通りである。

「幸せ」や「感謝」の気持ちについてめぐみさんが簡潔に思いを語ったあと『おかげさま』『逢えたらいいな』の二曲が歌い上げられて、予定の九曲を歌い終えた。そのあと受刑者代表の二人から花束の贈呈が行われた。

会場からアンコールを求める拍手に応えて、花束を抱えながら新曲の『日本酒で乾杯!』が歌い上げられた。ハイテンポの楽曲に合わせて手拍子が沸き上がる。

約一時間半にわたり十曲を歌い上げ拍手の中、記念すべき第五〇〇回プリズン・コンサートは終了した。

感謝状贈呈

コンサートが終了したあと、取材陣は講堂から別室に案内された。所長から感謝状贈呈が行われるからだ。講堂内の緊張とは打って変わって、ここでは関係者の方々の笑顔があふれ、ほどなくPaix²の二人と片山マネージャーも到着した。

感謝状贈呈式には矯正局の責任者も来賓として参列した（コンサートにも法務省関係者や来賓が多数参加していた）。石塚淳横浜刑務所長からPaix²の二人と片山マネージャーに木製の感謝状が手渡された。

感謝状がPaix²の二人だけでなく、片山マネージャーにも渡された意義を石塚所長に伺った。

「最初から三人で活動をしてこられました。私たちからの窓口は片山さんです。片山さんにさまざまな調整をしていただきました。片山さんの存在なしにPaix²の活動はなかったと思います。私たちにとってありがたい存在ですのでPaix²さん同様、感謝の気持ちを表わしたいと考えました」

と授与の意義が述べられた。

取材者からの質問の時間が取られ贈呈式と記者会見も無事終了した。

コンサート終了後

こうしてPaix²の第五〇〇回「プリズン・コンサート」は無事終了した。私は講演前日から密着させていただき、コンサート後の記者会見まで取材することができた。一方、Paix² の記念の日に是非ともお祝いとプレゼントを贈呈したいと考えた鹿砦社代表の松岡は、横浜刑務所近くの飲食店でPaix² と片山マネージャーの到着を待った。連日のハードスケジュールの疲れも見せずに三人が合流してくれた。松岡からこの日のために用意した記念の時計が手渡されたあと、しばし歓談の時間を持つことができた。

二人は特に五〇〇〇回という意識は強くなかったようで、いつものライブ終了後と同じように笑顔で話が弾んだ。私は二〇一六年十二月千葉刑務所で、四〇〇〇回記念公演が行われた際も取材をさせていただいていた。四〇〇〇回記念公演が終わったあとに、千葉刑務所近くの飲食店で食事を摂ろうとしていると真奈美さんが「今初めて言いますけど、今朝から高熱があったんです」と驚きの発言をされたことを思い出した。そのことを話題にするとめ

横浜刑務所長から感謝状を受け取るめぐみさん

３人で記念撮影

公演後、マスコミ取材を受ける２人

Paix² の２人と鹿砦社・松岡

ぐみさんが「覚えています！　あの時ですね」と即座に記憶を戻していただけた。

片山マネージャーに告げることなく元看護師のめぐみさんが常備薬を真奈美さんに早朝服用させ、公演中高熱は下がっていたようだ。服用から八時間ほどが経過していることを確認しためぐみさんは真奈美さんの額に手を当て「そろそろ切れる頃だから」と次なる処置の準備に余念がなかった。

日本全国の刑務所にワゴン車一台で駆けつけて五〇〇回の「プリズン・コンサート」を終えた二人は、甘いものを美味しそうに召し上がっていた。


（本項の撮影も田所）

Ⅱ　千房が受刑者雇用に積極的な理由

中井政嗣千房会長、Paix^{2}座談会

Paix^{2}と千房・中井会長は、受刑者支援活動が評価され共に第三回作田明賞を受賞。これ以来の付き合いだ。

受刑者支援といっても、Paix^{2}の場合は、刑務所や少年院に在監者への支援、千房の場合は、出所後の就職支援という違いがある。

しかし、Paix^{2}と千房のような活動が広まり、受刑者支援をもっと徹底してこそ、社会は良くなるという確信の下、Paix^{2}と千房の活動は続いている。

その想いを語り合ってもらった。

縁を大事にしたら運が良くなる

めぐみ　会長と初めてお会いしたのが、二〇一二年の第三回作田明賞授賞式の時ですよね。

中　井　その時やったんかな。受賞の連絡を受けた時はどんな賞かピンとこなかったけど、実は大変な意義のある賞らしいね。

真奈美　私たちも、賞をいただけるとなってから知りました（笑）。

中　井　刑務所を慰問で歌っているのは素晴らしいことやなと、そこで歌を聴いたんかな。

第３回作田明賞授賞式で。中井会長、Paix^2 共に受賞した。49ページも参照
【作田明賞】精神科医の作田明医師（故人）が2010年、犯罪・非行の防止と、犯罪者や非行少年の矯正・更生に尽力した個人・団体に贈り、その活動を称えるために設立された。現在は遺族が財団を設立し運営されている

めぐみ　私たちを第二回関西演芸しゃべくり話芸大賞にゲストとして呼んでいただきました。

真奈美　それも昨年で八回目ですか。今では若手芸人の登竜門になっていますね。

中　井　なんでもそうやけど、続けたら本物になる。本物は続く。イエローハットの創業者の鍵山秀三郎さんが言っておられる、「十年続けたら偉大なり。二十年続けたら文化となる。三十年続けたら畏るべし。五十年続いたら、神の如し」と。五十年続けたら大きな信用につながっていくから、神の域に入っていくんやね。「継続は力」っていうのはまさにそういうこと。

真奈美　私たちもやり始めた時、特に同業の方から「刑務所で歌ったところで、その歌が広まるわけでもないし、即売できるわけでもない。なんでやっているの？　しかもボランティアで？」とか言われて、なかなか理解されないなあという想いでした。やっていることが間違っているかなあと

中井政嗣（なかい・まさつぐ）さん
1945年、奈良県生まれ。お好み焼きチェーン「千房」創業者。現在、千房ホールディングス会長。中学卒業後、乾物屋へ丁稚奉公し、商売人としての第一歩を踏み出す。1973年、お好み焼専門店「千房」を大阪ミナミ千日前にて開店。現在では、国内だけではなく、ハワイなどの海外へも出店し、78店舗をもつ一大チェーンへと成長。ここ十数年、受刑者を積極的に雇用している。

思ったこともあったんですけど、こうして続けていたら、周囲の方がだんだんと私たちの活動に注目してくれるようになって、会長の「継続は力」というお言葉はものすごく支えになります。

中井　Paix^{2}って、いくら尊い活動をしても最初は誰も知らないからね。それに、いくらボランティアって言っても、へたやったら話にならない。二人にはやっぱり聴かせるものがあるから、聴衆も納得する。プロとして本当に聴かせる力量があるから慰問になるんやろうね。

めぐみ　第二回関西演芸しゃべくり話芸大賞に私たちがゲスト出演させていただいた時、会長がスタンドアップして拍手してくださったのが印象的で、ありがとうございました。

中井　いや、お愛想では立たないよ。そんなのはやっぱり失礼やもん。本当に感動すればこそ、素晴らしいなぁ～、ブラボーやんか。

めぐみ　それまで迷うことも多かったし、自信も持てなかったんですけど、会長が立ってくださった時に、ものすごく救われた気持ちになれて嬉しかったです。

中井　それと同時に、二人が地道な活動を長年続けておられる素晴らしさを、周りがやっぱり評価しないとあかん。「素晴らしいことをやっておられますよ」ということを、知らしめる役割がわれわれにはあると思う。それを広報してくれる役割の人とタッグを組むことやな。

私は学力も、能力も、やる気もなかった。どうしてこうなったんかなあと考えた時、二つあった。まずは、良い人と出会えた。二つ目、運が良かった。ところが、運が良いとか悪いかとかは、一人だけのもの。一方で縁はお互いのもの。この縁を大事にしてたら必ず運が良くなる。ところが運の悪い人というのは、縁をおろそかにするねん。世の中は人と人とのつながりなのに、人との出会いをおろそかにしてしまう。二人には話芸大賞で実際に生で見せてもらって、すごいなぁ～と感心して、ましてや今回でプリズン・コンサートも五〇〇回って。最初から慰問を目指してたんですか?

真奈美　そういうわけではなかったんです。

中　井　私も最初から受刑者を雇用しようなんて、思いもよらなかった。ただ、ある人に「お金がほしい時にお金を追うたらあかん。人を追え」と言われた。二人も同じことをしているのと違うかな。

二　人　そうですね、はい。

全国初に取り組んできた千房

中　井　人手不足で大変な時、従業員を採用せなあかん。でも私は、お好み焼きを食べるのは好きやけども、関わることは嫌いやってん。恥ずかしい、かっこ悪い。昔から「好きこそものの上手なれ」とよく言われる。ところが、私はまったく反対。食べるのは好きやけど、関わるのは嫌やった。経営者の私ですらお好み焼きにたずさわることが、恥ずかしい、かっこ悪いと思っているなら、そこで働く従業員なんて、もっと恥ずかしいやんか。もっとかっこ悪いやんか。だから、いくら募集しても従業員が来てくれなくて、当たり前。だから、従業員が胸を張って自信を持って働いてくれるかっこいいお店を作ろう、かっこいい会社になろう。これが今の千房を作ったんやね。つまり改革。だから千房は全国初っていうのはいっぱい持っている。それまで、誰もやってなかったことを意欲的にやってきた。

真奈美　例えば、どういうことですか？

中　井　最近であれば、お好み焼きが機内食に登場した。これはピーチの飛行機で。これは世界初ね。他の航空会社に営業に行ったら、「匂いが充満するから」と断られた。ところがピーチの井上(慎一)元社長は「それがいいんです」と。逆転の発想やね。

めぐみ　それはすごいですね。食べたくなった。

真奈美　確かに、あのソースの匂いは。

中　井　機内でお客さまがお好み焼きを注文されれば美味しそうな匂いにつられて、つい他のお客さまも注文したくなる。一躍人気メニューになったんやね。それに端を発して、たこ焼きやカレーライスも登場することに。大阪ではお好み焼きとご飯というのが人気なんやけど、これを〝炭水化物の重ね食い〟という。

二　人　アッハハハハ

中　井　お好み焼きをディナーにしたのも、千房が初めてでね。一万五千円～二万円というお好み焼きのフルコースも用意している。デパートのレストラン街にお好み焼きが登場したのも初めて。

創業当時、人手不足で大変な想いをした。猫の手も借りたい。応募に来てくれたら、学歴や身元保証人なんて一切問わない。即採用ですと、採用し続けてきた。そうしたら、こんな言い方は嫌いやけど、一般的に言う「落ちこぼれ」が入ってきてくれた。その彼らがやがて店長になり、幹部になり、そして独立していった。

その採用実績を知った法務省から、「千房さん、受刑者の就労支援をしてくれませんか」と依頼があった。今はお蔭様で、大卒も新卒で採用できる会社になっているから、あえて受刑者とわかって採用するのは正直不安があった。だけど、それなりの人間が入社しても可もなく不可もない無難な若者があまりにも多くなり、昔のようなヤンチャがいない。創業当時はいろいろな人が力を合わせて彼らを立ち直らせていった。もう活気に満ちあふれていた。それで、もう一回あの頃みたいにやってみたいなと思うようになったんやね。真剣に向き合ってみたいと思った。

二　人　そうなんですか。

中　井　それこそ、「なんでやねん、お前は！」って、肉親のつもりで泣きながら怒ってましたね。いつだって本気。本当に愛情を込めていた。当時は、そうやって怒られても子どもが鍛えられてきたんです。今は怒るんじゃなくて、「褒めて褒めまくれ！」という。褒めることももちろん大事やけども、一方で愛情があるから怒れるんやね。飴と鞭の両方あってこそ活きるんであって、今は鍛えられることがなくなってきてると思う。

めぐみ　今ならパワハラと言われちゃうかもしれませんが、私たちも怒られて鍛えられた世代ではありますので、会長のお話はわかります。今の若い年代の方と接すると、SNSの発達もあって、自分の考えがすべてのような感じで表現をしているので、危うさを覚えるんですね。同世代の人に対するような言葉づかいですし、いろんな価値観があることにも気づいていないようで、叱ったりとかの厳しい部分というのも必要だと思います。そうしないと、すぐ挫折してしまい継続できないんじゃないでしょうか。

三日坊主は素晴らしい

真奈美　先ほど研修を見学せていただいたら、自分の良い部分と悪い部分をシートに書き込んでそれを他のみなさんの前で発表されていましたけど、自分と向き合うことは大事だなと改めて思いました。日々は自分の業務に一所懸命だから、向き合う時間ってなかなか持てないと思うんです。そこで改めて一年を振り返って文章にして発表すれば、それを聞いているみなさんも「この人は自分よりも前進しているんだな」とか「ここは自分のほうができているな」と実感されたんじゃないかと思います。「これから後輩を育てるため、自分はどういう先輩になっていけばいいんだろうか」というお話もあって、過去を振り返るだけじゃなくて、そこから未来を想像されているから素晴らしいなと感じました。

中　井　めったに社外の社員研修を見学するなんてないだろうし、ちょうどいいタイミングで発表しているから、ご案内したんですよ。

真奈美　貴重な経験をさせていただきました。

めぐみ　大事なことだと思います。

中　井　一年前と今とを比較してみれば、一年でこれほど成長するかと感心します。研修の中に元受刑者も三人参加していた。でも、それがどうしたのという話ね。言ってみたらわれわれ一人ひとりみんな、わけありやんか（笑）。

二　人　そうです、そうです。

中　井　それがどうしたの。それよりも、さて、これからどうするのかが大事。ところが、五年先とか十年先のことを、あの子たちに聞いても答えられない。激動の時代やから、私だって来年どうなっているかわからへん。一寸先は闇。でもはっきり言えることは、一年先とか五年先がスッと来るわけではないんやね。毎日毎日の積み重ねがあって、一年先、五年先がある。それが、昨日《きのう》・今日《きょう》・明日《あす》。その三日間のうち、昨日の反省ぐらいできるやんか、今日は何をしたらいいか、明日の予定ぐらいわかる。この三日の連続。だから三日坊主というのは、実は素晴らしいねんな。

三日坊主続けてみ。三日でよい。三日目が来たら三日坊主のリハーサルが終わる。ほな本番いこか。本番三日終えたら、六日経つ。六日じゃちょっと中途半端やから、ついでやから一週間やってみよう。一週間経ったらね、せめて一カ月挑戦してみよう。それを三カ月、三年と三、三で延ばしていってみる。三という数字は意味があって尊いらしい。これが人間の節目になっているらしい。

出会ってからの関わり次第

真奈美　以前に会長の講演を拝見した時「元受刑者を

雇用したけれども、裏切られたこともあった」とお話しされていて、やはり相当に大変なことなんだなと思いました。私たちはプリズン・コンサートを通して、受刑者が自分の罪を考えるきっかけとなり、それが出所後の社会でがんばる力になれば、再犯率も減っていくと願っていますけど、実際に雇用されるとなると、いろんな苦労があるんですね。

中井　相田みつをさんの詩に「その時の出逢いが　その人の人生を　根底から変えることがある」というのがあるんやけど、まさにそのとおりで、出会いだけだといっぱいあるんですよ。そこからどう関わったのか。塔和子さんというハンセン病の詩人が、「胸の泉に」という詩に「かかわらなければ／この愛しさを知るすべはなかった／この親しさは湧かなかった／この大らかな依存の安らいは得られなかった／この甘い思いや／さびしい思いも知らなかった／人はかかわることからさまざまな思いを知る」と詠われていて、つまり、出会いを良いものにするのか、出会わなければ良かったとするのかは、出会ってからの関わり方なんやねんね。

正直、私は過去に、従業員に騙されたこともあったし、傷付けられたこともあった。だけど、それ以上に真面目に働いてくれた人たちがいたんやね。それで、一人、二人にそういうことがあったからといって、すべてがそうなんだ、という決めつけはしないでおこうとした。

二〇〇九年、美祢《みね》社会復帰促進センターから二人を採用した。一、二年、真面目に働いた。二年経って主任の昇格認定試験を受けて見事に合格した。主任になったらレジも扱う。その一人は結婚して子どもがいた。三年目が過ぎた時、「子どもに会いたい。でも会おうとしたら、おじさんに一五〇万借りているからお金をまず返さなあかん」と相談された。そこで、私のポケットマネーから貸してやった。ところがさらに、社内恋愛していて、彼女のキャッシュカードで二五〇万借りていたことが判明した。それは彼女に返しなさいということで、二五〇万さらに貸した。そこから彼は、売上の一部にも手を出してドロンやね。結局彼はギャンブル依存症で、パチンコに注ぎ込んでいたんや。

もう会社は大混乱。蜂の巣をつついたようになってねえ。言葉では聞いてないけれども「受刑者の雇用なんてもうやめてください」という雰囲気。だけど、「残っているもう一人は真面目に働いてる。この人も否定するのか？」と私は説得した。現場の店長やその上のスーパーバイザーを個別に呼んで、「申し訳ないけれども、受刑者の雇用は続けていきたい」と理解を求めたんやね。

めぐみ　それは大変な目に。

中　井　私は奈良県の貧しい農家の七人きょうだいの四男。まさに貧乏人の子だくさん。すぐ上の三男は頭良かってねえ。クラス委員とか生徒会長なんかもして。その下に私がおるねん。よく言われる「出来の悪い子ども ほど、親にはかわいいもんだ」って、あれは嘘やな。

二　人　アッハハハハ。

中　井　親は出来の良い兄貴に期待がいってたね。姉も妹もみんな成績が良かった。千房の全国展開の真っ只中、実家に帰った際にさりげなくおふくろに「俺がこうなるなんて考えられたか？」って聞いてみたんや。そしたら、「お前が、まさかこうなるなんて考えられなかった」。この言葉がね、私を後押ししたんやね。私のことを誰よりも知っている母親ですら、わが子の可能性に気がつかなかった。人間って無限の可能性を持っていると。

なんか問題ありますか？

中　井　以前から受刑者を積極的に雇う協力雇用主制度というのがあるんですけれども、大半は受刑者を雇っているというのを伏せている。けど、千房はそのことをオープンにしようと心に決めた。千房は、名前だけやけども大阪の人にはそれなりに知ってもらっている。その千房が、受刑者の就労支援をしていることを世間に知らしめるのが大事。なぜなら、受刑者の受け皿は社会。その社会の偏見を、少しでも緩和させたいと考えたから。受刑者を腫物に触るみたいにしようとするから、誤解が一人歩きする。千房で雇用した元受刑者が立派に更生していったのを、私は何人も目の当たりにしている。私だって、刑務所に入ったわけではないけど、過去にはスピード違反したこともあるしね。田舎のことやから、柿がなっていれば勝手にもいじゃうし、ブドウ園に自転車で友達と行ってブドウを食べたこともあった。

二人　フッフフフフ。

中井　成長するにつれてそういうことは卒業した。でも、やった時は見つからへんかっただけやからね。受刑者はそれが見つかって罪に問われた。窃盗も詐欺も悪いに決まってるねんけど、なんでそんなことしたのか聞いてみると、家庭環境が崩壊していた。犯罪の裏には必ず背景がある。一概に罪だけを見ることができない。

現に千房で殺人未遂を自らの意思とは反して経験した従業員がいる。真面目に働いている子に彼女が出来た。好き合っているうちは良かったんやけど、ある日突然、「俺は仕事に専念したい」と別れ話を彼女に伝えたんや。ところが、彼女にしてみれば「何でやのん」となって、彼の寮にまで押し掛けてきた。「来ないでくれ」って拒否しても彼女がこじ開けて入ってきた。それで「出てくれ！」と絡み合っているうちに首を絞めてしまってんね。

二人　ああ〜。

中井　気絶したんやね。それで救急車を呼んで病院に彼女を運んでいく途中、彼女は意識を取り戻して救急車から逃げたんや。救急車があわてて警察に電話して、警官も来る。それで「何やったん？」「殺そうと思ってたんちゃうか？」と聞かれて、彼自身も混乱してたから「はい」と言ったんやね。それで殺人未遂で逮捕。彼は未成年やったから家庭裁判所送りになったんやけど、それで私は証言台に立って「真面目に働いているので、どうか助けてください」と話したんや。すぐに釈放されて、今はうちの料理部のマネージャーとして活躍している。

めぐみ　すごい！

中　井　そういう経験をしてきたから、受刑者といっても怖いことはない。彼らの事情を聞けば一〇〇％咎められない。それでも、就労支援をしたいと社内で話した時は、賛否両論やった。抵抗というよりも、不安があったんやな。それで、「最終的に私がすべて責任を取る」と宣言して始めた。

ある少年院で私が講話した時、質疑応答の最後にある院生から「罪を犯した者を、なぜ採用されるんでしょうか?」と聞かれた。これには即答。一般の人からも「なぜ採用されるんですか?」と質問されたこともありましたよ。なんでやと思う?

めぐみ　なんら他の人とは変わりないのかなと。

真奈美　先ほど言われた、そういう方たちを雇って社会の誤解を解き、再犯率の低下に結び付けたいとかですか。

中　井　そんな複雑なものではなくって、「なんか問題ありますか?」と即答。あなたたちは確かに罪を犯した。しかし、その後反省し、「もう二度と罪を犯しません」と固い決意を抱いて社会に復帰するんちゃうんですか? それを信じてますよ。だから裏切らないでください。受け皿ありますから、お好み焼きが嫌だったら、他にもたくさんの職種の会社があります。ただし、間違わないでください。あなたを採用するということは、あなただけを採用していることとは違うんです。あとに続く者のために採用しているんです。失敗したら、世の中は見てますからそのことを意識してそうならないように頑張ってください。一刻も早く成功事例になってください、ということです。

真奈美　そうですよね。

オープンにする取り組み

中　井　経営や社内の教育とかは駅伝やねん。自分のしてもらったことを次にバトンタッチしていく。それが大事。飲食店といえどもこれは人気商売。だから人気がなくなったらお終《しま》い。千房は創業してから四十七年目。百年企業を目指している。大阪で老舗というのは百年やけど、京都だったら老舗といわれるのは三百年。三百年以上の企業・お店がたくさんある。さて、これは面白いんやけども三百年以上続いてる企業・お店がたくさんありながら、大半が無名らしい。商売・経営というのは、流行りすぎたら必ず廃《すた》る。大阪では「屏風と事業は広げ過ぎたら倒れる」とも言う。吹き出物のことを、「でんぼ」と言うねんね。それで「でんぼと店舗は大きなったら潰れる」。「商売は牛のよだれ」とも言う。例えばまたたく間に流行って、いきなり暇になったお店と、継続的にお客さまが来てくださるお店と、どっちが売り上げ多い？　間違いなく継続的なほうやねんね。商売は牛のよだれのように、途切れなくダラダラと流行るのがいいねん。

真奈美　なんか芸能界にも似たような感じが。

中　井　それでさっき言ったように、私は良い人と出会い、その人からいろんなことを学んだ。その関わりが大きかった。駅伝のようにそのたすきを伝えていかなければならないと考えている。人を育てていくことがオーナー企業の務めだとも思ってます。つまりオーナー企業は腹をくくってるということです。だから、何があったかて、ビクともしない。でも、残念ながらサラリーマン社長は、なんかあったら責任を取らなければならないからです。短期的に成果を出さないといけないんやね。だから、言い方悪いですが「失敗しないように、つつがなく」という経営になる。残念ながら、それが大企業なんです、知らんけど。

めぐみ　フッフフフ。

中　井　けども、元受刑者を雇用してもなんら問題な

いですよという実績が積み上がっていったら、大企業や上場企業にしても雇用するのにためらいがなくなるでしょ。それに元受刑者の成功事例が後に続く者のために道を開くとなれば、彼らの生きがいとかやりがいにもなっていく。

法務省が大きな改革を行っている途中でね。その一つは刑務所の中で採用募集してること。これは美祢社会復帰促進センターで始めた。それで、刑務所内で応募・面接して、内定出す。その初めての試みを千房がした。今まで刑務所はそんな経験ないから、内定もらった人間に周りには言うなと刑務官が言った。妬みやっかみで意地悪されるかもしれないから、言うなと箝口令を敷いたんや。ところがその人間は嬉しいものだからこっそり「受かってん」って言ってしまう。

めぐみ　やっぱり嬉しいですもんねえ。

中　井　どうなったのか心配したら、なんと周りが「よかったなぁ～！」って。しかも「あいつ内定もらったんやで」と知れ渡っていくと、「俺もがんばろ！」となったんや。

真奈美　士気が上がるんですね。

中　井　いっぺんに上がった。刑務官は「言うたらあかん」やったけど、そうじゃなかったんやな。オープンにしたことによって士気が上がった。やはり、隠しごとはせんほうがいい。千房でもいろいろあったけど、これまでに三十九名の受刑者を雇用した。

めぐみ　私たちがプリズン・コンサートを始めた頃、会長もご存知のとおり、こういう慰問活動は、地域の方が中心になって刑務所で演芸をすることが多かったんです。刑務所で開かれる矯正展も、作業製品の即売会で盛り上がるという程度だったんです。ところが、会長が受刑者の雇用を始めた時期くらいから、刑務所もオープンにしないといけないんじゃないか、と流れが変わっていったように感じます。刑務所の取り組みをその地域社会に知ってもらうようにするとかに、矯正展も変わってますよね。

それから私たちも保護司になったんです。保護司の活動は、受刑者の服役をケアし、社会復帰後どういう道を作っていくかという内容になりますが、以前は、自分が保護司だとは言わないとなっていたようなんです。私たちが保護司になった時は、保護司であることをオープンにしたほうがいいんじゃないかと流れが変わっていたので、私たちのことも新聞記事に採り上げてもらったこともありました。最近では「Paix²の活動のお蔭で、保護司という仕事もちょっとずつ広まってきた」と声を掛けてくれる保護司さんもいらっしゃって、以前の刑務所のあり方を知っている私たちにしてみれば、良い流れに変わってきているように感じます。

刑務所に入ることになったとしても、それで終わりじゃないし、未来があるんだと受刑者が理解すれば頑張れるというのは強く感じてきました。私たちの一般のコンサートに足を運んでくださる元受刑者の方がたくさんいるので、会長がおっしゃるように、元受刑者がもっと頑張りやすい社会になればいいなと思います。

弱い者に目をかける

中　井　それともう一つ、法務省には刑務所の管理を担当する矯正局と、出所したらその後の事務を扱う保護局がありますね。

真奈美　そうなんです。私たちも「Paix²さんは矯正の人ですよね」と言われることがあって、内心では「社会にとっては一緒じゃないですか……」と思ったことがありました。

中　井　矯正局は塀の中での仕事。ところが塀の外に出てしまうと、その受刑者がどうなっていったのを追跡できない。一方保護局は、その人が中でどういう作業をしていたかとか、どういう指導を受けていたのかをまったく知らない。ところが私たちはそのどちらにも関わってるから、その受刑者が中でどういうことを学び、外に出てからどういう生活をしているのかがわかる。そういうことで、連携が取れるようになって情報を、矯正局と保護局とで共有していくようになったんやね。

そうすると、刑務所と社会のギャップに気付くことになる。今は、木工や溶接を指導している時代と違いますよ。社会に出てから役立つことを身に付けておかないと実践できないでしょ。介護とか、例えば笠松刑務所ではホテルが刑務所内に一室を造って、そこでベッドメイキングやトイレ・バスの清掃の職業訓練をしている。そういうことでホテルの訓練を受けておけば、「うちが雇用しましょう」というホテル会社が自動的に出てきますよ。

それと、私が発起人代表をしている日本財団「職親プロジェクト」というのに千房も参画しているけど、建築会社も参加企業で実際に職人さんが刑務所に入って、左官とか型枠といった作業を直接指導するということもしている。職親プロジェクトでは「薬物、殺人、性犯罪、この三つを外してください」としてたんやけど、ようやく今丸六年になってその辺りの裁量は各企業にお任せとなっています。それで職親プロジェクトで内定・雇用したのが、もう二〇〇名を超えている。

さらに参加企業は一六九社で、この頃では全国の刑務所内でも職業フォーラムが行われるようになった。「うちはこんな会社です」と、会社の内容を直に知ってもらうねんね。そして、就職後の定着率を高めようというのが今の課題。どこの刑務所にもA級、B級ありますけど、実はA級よりもB級のほうが定着率が高いらしい。

真奈美　そうなんですか。

中　井　つまり、A級は詐欺窃盗で、罪の意識が軽い。だけど強盗とか殺人というB級の人は、反省したら二度とそんなことをしない傾向にあるらしい。

めぐみ　いただく感想文を読んでいても、そのとおりだと感じます。しっかり反省しているから、いざ仕事に就くことができて頑張ろうとなったら、B級の人はすごいんだと思います。

中　井　ただし、誤解を恐れずに言うと、根っから悪い人もいる。これはやっぱり手に負えない。だけど、さっき話したとおり、関わったならばトコトン向き合いたい。うちで雇用した元受刑者が、二年目ぐらいでもう将来の幹部店長を目指すようになった。ところがある日突然、逮捕されてしまって。強盗の余罪があってんね、東京の警視庁から「逮捕しました」と連絡があった。二カ月尾行してはってんね。

真奈美　その二年の間何にもやってはいないけれども、ということですね。

中　井　そうなんやけど、DNA鑑定で余罪が追及されることに。ずっと尾行していたから、彼が千房で真面目に働いていることは知っている。尾行していた刑事から「逮捕するのがちょっと辛かったんですけども、でも余罪の証拠が出てきたんで」と言われた。それで、私はすぐに弁護士を依頼して、東京地裁にも私は証言に行った。通常は強盗やったら五年くらい入らなあかんねんね。それが二年ちょっとで出ることができて、また復帰するまで会社では休業扱いにした。

真奈美　わぁ〜、すごい。

中　井　判決が確定して入所する時も、「うちがまた迎え入れますので、よろしくお願いします」と刑務所に伝えていたから、刑務所に入った時から待遇が違ったらしいですよ。飲食店の経験を持っているから、賄いみたいなものを担当してたそうです。出所後は本人はもうベテランやから、出てきた途端に部下の指導しているよ。

めぐみ　本当にすごいです。

中　井　いやいや。うちに迎え入れてから再犯したのやったら、「ええかげんにせえ！」ってなりますけど、これはその前の話ですから。だから逮捕された時、「良かったなあ。これで隠しごとなくスッキリしたやんか」と言いましたよ。

真奈美　被害者のこともありますからねえ。

中　井　被害者に「金出せ！」と刃物を突き付けるのは、ほとんど脅す材料やろうね。本気で殺したり、傷つけるつもりはなくっても、警察や裁判ではそうはいかない。被害者へそれは全部弁償することにした。全額で二一〇万くらいあって、それで真面目に働き、毎月毎月一〇万円ずつ必ず返済している。これ、昔でいうたら依怙《えこ》贔屓《ひいき》です。「なんであの人だけが特別に」っていう。なんやけど、弱い者に依怙贔屓すると会社の風土が上がります。弱い者に目をかける、いうことです。五段階評価があって五が良いほうとすると、五、四に目をかけると周りがひがみます。でも、二、一に目をかけたら微笑ましいから、ええ会社やなと周りが思います。だから、弱い者に目をかけてあげる風土を社内で定着させるというのは、社会で、高齢者とか障害者の方に手を差し伸べるのと同じやね。

二　人　ああ、つながっていくんですね。本日は、貴重なお話をありがとうございました。

〔二〇二〇年二月二十六日、千房本社にて〕

追記：ちなみに、彼は春の昇格試験で見事合格。四月から主任として一層やり甲斐を感じている。

Ⅲ Paix^{2}と私の出会い

透き通る歌声は人の心を和ます

作田明賞審査委員／飛松実践犯罪捜査研究所代表 飛松五男

Paix^2、プリズン・コンサート五〇〇回達成おめでとうございます。素晴らしいというより〝すごい〟のひと言です。

Paix^{2}との出会い

私がPaix^{2}と出会ったのは二〇一一年二月二十七日、鹿砦社・松岡利康社長が主宰する「西宮ゼミ（鈴木邦男ゼミ.in西宮）」第四回ゲストとして、ミニコンサートに参加した時です。

純白のスーツ姿のめぐみ（Megumi）さんと、白シャツと花柄ロングスカートでギターを持った真奈美（Manami）さんのPaix^{2}が一糸乱れぬ音程で透き通るような美しく綺麗な歌声でデビュー曲の『風のように春のように』から始まり、大ヒット曲の『逢えたらいいな』、最新曲の『ずっと、ずっと』『おかげさま』『ともいき…未来へ』を聴き、大ファンとなりました。

こんな素直で清純な歌手が、本当に刑務所でのコンサートを行うのか、警察官として刑務所へ行き、収容されている受刑者を知る者として、不思議で疑問でした。本当だろうか。実際刑務所内でPaix²のような若い純朴な女性のコンサートが可能なのか？ この一般の場所と同様に歌えるのか信じられませんでした。

なぜプリズン・コンサートを始めたのか？

私をはじめコンサート参加者の疑問符はコンサート後の鈴木邦男さんとの対話で一蹴されました。鈴木先生は私と同じ考えで、真奈美さん、めぐみさんに「なぜプリズン・コンサートをするようになったのか？ しているのか？」と尋ねると、二人は地元の鳥取県倉吉警察署の一日署長を拝命してからで、ステージは主に、受刑者を励ますようなメッセージソングと、めぐみさんが看護師時代に、患者の死に立ち会った際の語り等で構成され、受刑者たちを力づけると共に、命の尊さを訴えかけます。受刑者の家族からの手紙を読むこともあり、受刑者の涙を誘っていきます。

二人とも受刑者が「二度と過ちを犯してほしくないから、私たちは塀の中で歌い続ける」と、きっぱり言い切り、それからも歌い続け、五〇〇回を達成しました。

私はPaix²のコンサート、鈴木先生との対話、食事会で直接二人と話し、マネージャーの片山さんが、ワゴン車を運転し、楽器を積み、三人で全国の刑務所を廻り、プリズン・コンサートをしていることを聞きました。

Paix² の真奈美さん、めぐみさんとマネージャーの活動は各所で称賛の的となり、法務大臣をはじめ、各種団体から表彰されています。

作田明賞の審査委員を務めて

私は犯罪・非行の防止と、犯罪者・非行少年の更生・矯正に尽力された個人・団体を表彰する作田明賞の審査委員をしております。Paix² の活動は、作田明賞の主旨に合致しており、推薦したところ、江田五月第二十七代参議院議長他一〇人の審査委員の審査により、千房株式会社中井政嗣社長（当時、現会長）と共に優秀賞に決定しました。

作田明賞は日本の精神科・犯罪心理学の重鎮、作田明医師が二〇一一年六月に他界してからも、家族が遺志を継ぎ、犯罪・非行の防止と犯罪者・非行少年の更生・矯正に尽力されている個人・団体の中から著しい貢献が認められた方々を表彰し、その活動を称え、今後の活動の励みとしていただくため、二〇一〇年に創設されました。

最優秀賞一人（賞金五〇万円）、優秀賞二人（賞金二〇万円）で、本年が十一回目。受賞者は作家・大学教授・弁護士・会社社長・NPO法人代表者と多士済々です。

飛松五男（とびまつ・いつお）さん
1944 年、鹿児島県阿久根市出身。九人兄弟の五男であったことから、名前を五男と名付けられる。元兵庫県警刑事。退職後に被害者相談に乗り、犯人を割り出したため、テレビや出版社の目に止まり、現在は元刑事の経歴を生かしたコメンテーターとして活躍している。兵庫県警の交通安全協会への天下り問題をテレビの報道番組で暴露したこともある。著書に、『飛松五男の熱血事件簿　私だけが知っている不可解事件の裏側と真相』（小社刊）など。

北海道から九州まで、日本全国津々浦々の少年院・刑務所をワゴン車で廻り、プリズン・コンサートを実行しているPaix²には、歌声を聴いた受刑者・家族からの感謝・お礼の便りが多く届いており、歌の力強さは受刑者の更生に大変貢献しています。

現在全世界が新型コロナ・ウィルス感染拡大の恐怖の最中、Paix²のコンサートではなく（今現在は開けません）、Paix²のあの新鮮・純朴、透き通る歌声で『元気だせよ』のＣＤを聴きましょう！ 歌本来の底力を発揮し、Paix²の歌声でコロナ・ウィルスを吹き飛ばし、〝完全封鎖〟してほしいものです。

これからも、プリズン・コンサート六〇〇回、七〇〇回……一〇〇〇回を目指して頑張れPaix²！

日本・世界中へ、美しい歌声を届け、争い・犯罪のない平和で明るい世の中を願って……。

Paix²さんのプリズン・コンサート五〇〇回記念出版にあたって

大学教員　**新谷英治**

真奈美さん、めぐみさん、片山さん、プリズン・コンサート五〇〇回、おめでとうございます。そして、何よりも、お疲れさまでございます。

「おめでとうございます」と申しましたが、そのように申すべきなのか、実は少々戸惑っています。確かに「五〇〇回」は大きな節目でしょうが、Paix²さんが五〇〇回をことさらに意識し、達成を目標にしていたわけではありません。前著『逢えたらいいな』で真奈美さんがこう語っています。

「刑務所でのコンサートが三〇〇回を迎えたのですが、特に意識して、この回数を目指したわけではありません。一回一回の積み重ねがいつの間にかこのような回数になっているのです」

（Paix²、『逢えたらいいな』、一九五ページ）

五〇〇回もまた同様でしょう。入所者のためにという強い思いが、結果としてこの数字になったのです。五〇〇回は並大抵の数字ではありませんが、達成して「おめでたい」と言うのはやはり的外れであり、真奈美さん、めぐみさん、片山さんお三方に失礼です。二〇一九年十二月の鹿砦社創業五十周年記念の集い（関西会場）でお会いした折に五〇〇回目のプリズン・コンサートが間近なことを知り、思わず私は真奈美さんとめぐみさんに「おめでとうございます」と申しました。その折りのお二人の少し戸惑ったような表情に「しまった！」と思いました。これは「おめでとう」ではなく……。けれど他の言葉が思い浮かばなかったのです。今でもそうです。「お疲れさまでした」が近いのかもしれませんが、でもそれではずいぶん言葉が足りない気がするのです。

いろいろな人たちが矯正施設を「慰問」に訪れると聞きます。実はPaix²さんは慰問という言葉は使いません。片山さんはこのように言います。

「私たちは、慰問をやっているわけではないという思いがあります。受刑者の皆さんを慰めに行っているわけではありません。ですから絶対に『慰問』という言葉は使いません」（『逢えたらいいな』、二二〇ページ）

けれども別の言葉に置き換えにくいのでここでは括弧に入れて使います。この「慰問」を重ねて数百回に及ぶという人は多くはないでしょう。「慰問」を継続して実行することはたやすくありません。各地へ車で出向き、前日から自分たちで重い機材を運び込んで設営し、

新谷英治（しんたに・ひではる）さん
大学教員。専攻は西アジア史。歴史学とジャーナリズムの関わりのあり方にも関心を持つ。「人間の尊厳のために」や「映像から考える現代社会」などの科目で社会の様々の問題を学生たちとともに考えている。

調整とリハーサルも繰り返し行い、コンサート当日は最終チェックを早朝から行うこともしばしばというPaix²さんのご苦労に頭が下がります。移動や宿泊の費用も含めて一切自弁であり、出演料ももちろん無いことはあまり知られていないようです。

Paix²さんらの思いと「慰問」の意味

私は矯正施設に入所したことも、面会に訪れたこともなく、それゆえ矯正施設のことは何も知りません。多くの入所者が自分の行為を問い直し、自分を深く見つめ直していることを聞き知っているだけです。ただ、それら施設は大変に規律がやかましく自由が厳しく制限されており、規則に従った毎日の生活は単調で変化に乏しく辛いものであることは、経験者の手記などからも想像できます。社会から切り離され、孤独に自らの罪と向き合う――それが入所者の日々の生活に違いありません。家族などごく一部の人たちを除いて誰からも顧みられない日々は耐え難いことでしょう。刑期の長い入所者はなおさらのことでしょう。そこへある日「慰問」者が訪れます。かけがえのない時間に違いありません。

訪れる「慰問」者はどんな思いでしょうか。プリズン・コンサートにのぞむ気持ちをPaix²さん自身はこう語っています。

「私たちの歌を聴いてくれた人が『よし、もう一度頑張ってみよう』と、心に小さな灯りを灯してくれるきっかけになればよいと思っています」(『逢えたらいいな』、一九六ページ)

そして、このようにも語っています。

「受刑者の皆さんと同じ時間を共有することで、心を開き、何かを感じていただけるきっかけになるのであれば、それ以上の喜びはありません」（『逢えたらいいな』、二三二ページ）

Paix²さんの偽らざる気持ちでしょう。入所者にとっては、ひと時の楽しみではなく、大切なことを感じ取って深く考えるかけがえのない体験でしょう。

片山さんはPaix²さんのプリズン・コンサートの意味をこう語ります。

「刑務所に行くたびに『これだけ多くの受刑者がいるということは、それだけ被害を受けて泣いている人たちも沢山いるのだ』ということを改めて考えさせられたのです。

そこから、もしかしたらこの『刑務所』という場所での活動は、自分たちに与えられた〝使命〟なのではないか、と考えるようになっていきました。どうすれば犯罪のない社会になるのだろうか？　そう考えれば考えるほど、それは誰かがやることではなくて、自分たちがやらなければいけないことだと考えるようになったのです」（『逢えたらいいな』、二二九ページ）

また、このようにも述べています。

「私たちのコンサートは『本当の幸せとは何か』というメッセージを携えたコンサートなのです。受刑者は加害者であり、被害者を生んでいるわけです。同じ一人の人間として逆の立場に立って考えてみたらどうでしょうか。被害者の心の中、そして自分の家族の心の中、それらに向き合い、もっと真剣に考えてみてほしいのです」（『逢えたらいいな』、二二〇ページ）

そして、こう続けます。

「私たちは、一人ひとりが命の大切さを考え、人間として自覚することによって犯罪は必ず減少していくも

のと考えています」(『逢えたらいいな』、二二〇ページ)

こんなPaix²さんのプリズン・コンサート活動は私たちに何を教えてくれているのでしょうか。片山さんの言葉に導かれ、Paix²さんたちの活動と私たちの関わりに思いを巡らせます。

大学の講義でPaix²さんのミニ・プリズン・コンサートを開いて

私の勤務先である大阪府下の或る大学で二〇一五年と一六年の春学期、浅野健一さん、小出裕章さん、松岡利康さんお三方にお願いして「人間の尊厳のために」と題する科目(教養科目・リレー式)を実施しました。松岡さんには「出版と人権——出版社が守るもの——」と題して講義をしていただき、その中で松岡さんはPaix²さんのプリズン・コンサートを取り上げて紹介してくださいました。Paix²さんを知っていた受講生はほとんどいなかったようで、松岡さんのお話とスクリーンに映る矯正施設内でのコンサートの模様にみな驚きの表情でした。

そんな様子を見て取った松岡さんが片山さんにPaix²さんのスケジュールの調整をお願いし、二〇一六年七月、最後の授業にPaix²さんに来てもらえることになりました。音響効果など望むべくもない階段教室でのコンサートですからPaix²さんはきっと戸惑ったと思いますが、元気な歌声と楽しいトーク、そして『逢えたらいいな』に収められた入所者家族の手紙朗読など、聴き入っていた受講生はもちろん、私たちスタッフにとっても忘れられないコンサートになりました(この模様は二〇一六年七月十九日付「デジタル鹿砦社通信」でも紹介されています)。

松岡さんの講義とミニ・プリズン・コンサートを通して受講生はPaix²さんの活動を知りました。Paix²さんの活動を通じて人が罪を犯すことの意味を知り、人に罪を犯させるこの社会の在り方を問うてほしい——スタッフのそんな願いが数回の講義と一度きりのミニ・プリズン・コンサートですぐにかなうわけではないでしょう。しかし、Paix²さんの尊い思いと行動は、Paix²さんを支援する松岡さんの熱意溢れる講義と、心を込めて歌うPaix²さんの真摯な姿を通じて学生たちに確かに伝わったに違いありません。受講生は松岡さんを通じてPaix²さんの活動を知り、Paix²さんの活動を通じて入所者の思いを知ることができたのです。入所者の思いを知ってはじめて、彼らの背負っている罪に気づき、そしてその罪を生んだこの社会の在り方に気づくのです。

関西大学でのコンサート

Paix²さんのプリズン・コンサートは入所者と私たちをつなぐかけがえのない活動であり、Paix²さんと私たちをつなぐ人たちの志も重なって私たちはPaix²さんの活動を知ることができ、社会の在り方を考えることができます。Paix²さんの活動は、入所者に訴えかけるという「塀の中」の意義にとどまるのではなく、広く知られることにより「塀の外」の者たちに人の罪と社会の責任を考えさせる機会をもたらしているのです。

Paix²さんをはじめとする「慰問」者の活動を一般の人たちが様々な機会を通じて知って理解し支援することが入所者を知ることにつながり、「罪」を生んだこの社会の在り方を考え改善を目指す契機になると考えています。また、被害者やその家族の心境と境遇を知ることにもつながり、そのことも社会を変えていく力になるに違いありません。真摯に「慰問」を重ねる人たちの活動が矯正施設と私たちをつないでくれているのです。人の「罪」が私たちに問いかけるものを私たちに伝えてくれています。それも、単発的ではなく長期にわたって継続的に。自身の都合や事情は顧みず、遠路を厭わず足を運び、費用のほとんどを自弁して「慰問」を重ねているのです。

Paix²さんのプリズン・コンサートは五〇〇回を達成しました。私たちに必要なことは「五〇〇回おめでとう」と言うことではなく、Paix²さんへの共感と支援であり、Paix²さんの歌声を聞く入所者が背負った「罪」を知ることであり、その「罪」を生んだ社会、彼らに「罪」を犯させたこの社会を見直し改めることです。

五〇〇回は単なる通過点です。Paix²さんはこれからも変わらずに入所者の前で歌うでしょう。六〇〇回、七〇〇回、……やがて一〇〇〇回ともなるでしょうが、けれどももう数えることにそれほど意味はありません。Paix²さんが施設の中で歌い、私たちが施設の外でそれを支援し、そうしてこの社会を少しずつ変えていきましょう。人に罪を犯させることのない社会にと。

塀の中で聴いたPaix²の歌声

作家　本間　龍

二〇〇七年から二〇〇八年にかけての約十一カ月間、私は栃木県の黒羽刑務所にいて、Paix²のコンサートを塀の中で観た。Paix²を知る関係者の中でも、実際に塀の内側で彼女たちのコンサートを観た者は少ないだろうから、ここでは、なぜ彼女たちが「刑務所の歌姫」「刑務所のアイドル」という称号を冠せられているのか、元受刑者としての視点で語ってみたい。

退屈な慰問が多い中でひと際人気があるPaix²

刑務所にはほぼ毎月のように、様々な慰問団体が訪れる。変化のない生活を強制されている受刑者にとって、週末の慰問会は数少ない貴重な娯楽の一つであり、外の世界とのつながりを実感できる数少ない機会であるから、基本的には非常に感謝されている。

だが、受刑者が慰問を楽しみにしているのは確かだが、実はその全てが無条件に喜ばれているわけではない。というのも、その多くは素人の劇団や楽団などで、残念ながら人前で披露するような水準に達していない演目も、数多くあるからだ。時々ニュースなどで話題になる、プロの演歌歌手などが訪れるのは、有名暴力団（近頃は反社会的組織というらしい）の組長などが収容されているB級刑務所ばかりで、黒羽のような初犯刑務所には滅多に来ない。

善意で公演してくれる方々には大変申し訳ないが、訪れる団体のレベルはまちまちで、中には聴くのにかなり忍耐を要するようなものもあった。受刑者を哀れんで来てくれるのはありがたいが、セリフがほとんど聴こえず筋書きが全く分からない演劇や、素人のど自慢大会でも失格するような、超高齢で声の出ない演歌歌手などもいたのだ。

そして、そういう方たちに限って、毎年のように律儀にやって来る。だがそういう演目は受刑者側もしっかり覚えているから評判が悪く、出席率も低い。だが刑務所側からすれば、その尊い気持ちを無にすることは絶対にできないから、受刑者を強制的に出席させて満員にする。受刑者は硬い木の椅子に座り、これもオツトメかと諦めて二時間耐えるのである。

ちなみに、こうした慰問集会への出席は、基本的に申込制である。Paix^2 の場合は人気がありすぎて午前・午後の二回公演も多いが、その逆に、人気のない演目への申し込みは極端に少ない場合がある。せっかく来ていただくのに会場がガラガラでは申し訳ないので、そういう場合は強制出席にして満員にする。その際は、入所年次の浅い者を優先し、ベテラン（長期受刑者）は免除、というシステムにしていた。官（刑務官）の苦労も絶えない

本間龍（ほんま・りゅう）さん
1962年東京都生まれ。著述家。博報堂で約18年間営業を担当し2006年に退職。『原発広告』（亜紀書房2013年）、『原発プロパガンダ』（岩波新書2016年）等で広告・メディアと原発ムラの癒着構造を追及してきた。ここ最近は差し迫った東京五輪開催と改憲国民投票をめぐる電通の危険な世論誘導に激しく警鐘を鳴らす。近著は『メディアに操作される憲法改正国民投票』（岩波ブックレット2017年）、『電通巨大利権　東京五輪で搾取される国民』（サイゾー2017年）、『広告が憲法を殺す日　国民投票とプロパガンダCM』（集英社新書2018年／共著）、『ブラックボランティア』（角川新書2018年）

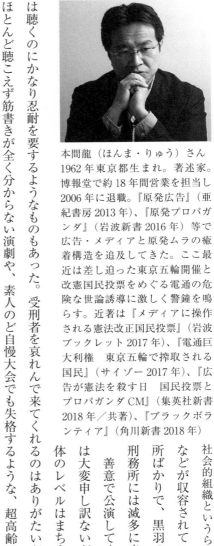

のである。

痛快な体験だったPaix²のコンサート

黒羽刑務所の講堂は他の建物と同様、築四十年以上が経過していて、とにかく古くてボロかった。しかもそういう場所の常で、椅子は全て木製で、クッションもない。前後の間隔も狭くて、三〇分も座っていれば尻が痛くなってくるのに、面白くない公演に限ってやたらと長いのだ。

こうした慰問集会に参加する受刑者には、二つのタイプがある。一つはその集会の演目が純粋に好きで行くという者で、どちらかというと少数派である。そしてもう一つは、集会に参加するとヅケが良くなる（仮釈放判定の点数が良くなる）ことを期待していく者に分かれている。退屈な集会に限って後者の連中が集まってくるので、観覧態度も自然と悪くなる。退屈な演目で私語が多くなり、終了後に懲罰（閉居罰のこと）になる者が続出したという例もあった。

ちなみになぜヅケが良くなるかというと、こういう集会に参加するということは積極性がある、と官から判断されるからだそうで、これはオヤジ（刑務官の俗称）も認めていた。彼らが記帳している受刑者一人ひとりの評価表に、こうした集会への出席が一つ一つ記載されていくのである。

それにしても、せっかく手弁当で来ていただいているのに、面白くないなどとは不遜以外の何物でもなく、重ね重ね失礼なのは承知の上で書くが、ものすごくご高齢の売れない演歌歌手や、セリフも聴き取れないような田舎芝居一座の公演を、尻の痛みに耐えながら二時間以上も聴かされるのは、正直拷問に近いものがあった。

その点、Paix^{2}はまったく違った。彼女たちは毎年のように黒羽を訪れてくれていたが、受刑者の間では「絶対に参加したい慰問」ナンバーワンの座を不動にしていた。彼女たちの慰問数週間前から、刑務所の中での喧嘩などによる懲罰がなくなるという伝説さえあった。懲罰になった受刑者は慰問に参加できなくなるので、Paix^{2}が来るまでは、みな大人しくするというわけだ。実際に私がいた第16工場でもその通りで、喧嘩が起きそうになると「来週はPaix^{2}のコンサートがあるから、（喧嘩は）やめろ！」と周囲が止めているのを目撃したことがある。その際の神通力たるや、刑務官の制止をはるかに上回る力を秘めていたのだ。

私は黒羽刑務所で、第16工場という精神障害者や身体障害者、認知症高齢者などを集めた特殊工場で、用務者（刑務官の補佐係）をやっていた。こうした工場は全国の刑務所に一つか二つ必ず存在していて、障害があるため健常者と一緒に作業できない人たちを収容している。

用務者とは彼らのお世話係で、作業指導から食事の補助、入浴や下の世話まで行う、介護病棟における介護士のような仕事だった。通常の懲役刑受刑者は、工場で様々な製品の製造に従事するが、私の仕事は、もっぱら人のお世話をすることであったのだ。その辺りのことは拙著『名もなき受刑者たちへ　黒羽刑務所　第16工場体験記』（宝島SUGOI文庫）に書いたので、関心のある方はそちらをご覧いただきたい。

そんな職務であったので、自分は興味のない慰問集会でも、それを希望する身体不自由者の付き添いで参加しなければならないことが多々あった。週末の貴重な自由時間を硬い椅子の上で過ごすのは気が重かったが、それを吹き飛ばしてくれる痛快な体験が、Paix^{2}のコンサートだったのである。

私が直に見た刑務所内でのPaix²の評判

二〇〇八年年三月十五日の慰問会は、Paix²のスプリング・コンサートだった。この女性デュオは、二〇〇一年に初めて鳥取刑務所で慰問コンサートを開催して以来、なんと三五〇回（当時）以上にわたって全国の刑務所・少年院などでコンサートを開いており、法務大臣から何度も感謝状が出ていた。その人気は黒羽刑務所でも不動であり、コンサートへの参加申し込みが一瞬にして埋まるという、まさに「刑務所のアイドル」であった。当時、私は彼女たちを知らなかったのだが、周囲から「本間さん、Paix²のコンサートには絶対参加したほうがいいよ」と口々に勧められ、他にそういう例はなかったので、非常に驚いた記憶がある。

そしてコンサートが近づくにつれ、16工場内で「あと〇日でPaix²のコンサートだな」とか、「また今年も彼女たちに会えるんだ！」などと、そこかしこで週末の集会を心待ちにする会話が盛り上がっていった。それはまるで、実社会におけるコンサートについて語るファンたちのようであり、そのような声が上がるのは、私の記憶ではPaix²のコンサートでしかなかったように思う。「また彼女たちに会える」とは言っても、個人的な会話ができるわけではもちろんないが、それだけ受刑者から愛される存在であったのだ。

そしていよいよコンサート当日も、講堂に集まる受刑者たちの表情はみな柔らかく、誰もがこれから始まる時間を待望していることが感じられた。強制的に参加させられる会とは明らかに異なる暖かい空気感が、確かに存在していたのだった。

直に盛り上がりを体験して

実は、刑務所でのコンサートは、一般のそれとは大きな違いがある。通常のコンサートでは手拍子をしたり、手を振って声援を送ったりするのは当たり前だが、そうした行為は刑務所では厳重に御法度で、曲の終わりの拍手のみ、許可されている。もちろん、隣近所の同囚との会話も厳禁で、受刑者は座ったまま拳を両膝に置き、静粛に演目を観賞しなければならない。だからコンサートとはいえ客席側は非常に静かで、基本的には盛り上がらないのだ。

だがPaix²の二人はそうした事情をよく知っているので、あらかじめ官側に許可を取り、

「さぁあ、きょうは所長さんの許可を取ってますから、みなさん一緒に手拍子をお願いします！」

と言って手拍子を誘ったり、

「みなさーん、一緒に歌いましょう！」

などと呼びかけ、受刑者にも一緒に歌わせてくれる。受刑者たちもきょうだけは怒られないと知っているので、

「真奈美ちゃーん！　めぐみちゃーん！」

と名前を叫ぶ者もいる。繰り返すが、刑務所内でそんなことは通常、絶対に許されない。それでも一般のコンサートよりははるかに抑制が効いているのだが、他の刑務所内の集会に比べれば格段に自由で、常に監視され抑圧されている受刑者にとって、心を解放できる数少ない瞬間だったのだ。

Paix^{2}のコンサートは、シャバを思い出させるしみじみとした歌と、元気のいいメッセージソングがちょうどいい案配に配置され、その合間に、家族の大切さや感謝の気持ちを語るMCで構成されている。彼女たちのコンサートが二度目、三度目の者も多いためか、開始からフライング気味の声援も飛ぶが、官側もこの時ばかりは黙認していて、刑務所とは到底思えない盛り上がりを見せる。

そして約一時間半のコンサートで最も会場が盛り上がるのが、『元気だせよ』という歌だ。これはニュースなどでも何度か放映されて話題になったが、まさに受刑者たちにエールを送るような内容で、しかも歌の途中で、

「元気出せよ！　オウ！」

と受刑者と拳を突き上げて掛け合う部分があるので、興奮して立ち上がる者まで出る。16工場でも、立ち上がって注意される者、拳を突き上げながら泣き出す者などが続出した。世間では有名曲ではないかもしれないが、日本中の刑務所で最も知られている曲の一つであることに、異論を挟む者はいないだろう。

そして彼女たちのコンサートのもう一つの大きな魅力というか神髄は、曲の間のMC（語り）であった。日々の何気ない話題を笑いと共に紹介したり、受刑者からの感謝を記した手紙や、社会復帰した元受刑者からのファンレターを朗読するのだが、これが少しも押しつけがましくなく、受刑者たちの共感と涙を誘うのだった。

受刑者の気持ちを摑んだPaix^{2}の歌声

刑務所内での受刑者は、常に孤独である。面会の回数は限られているし、家族や友人との通信手段は手紙しかないから、携帯のＬＩＮＥのように、リアルタイムで語り合うようなことは一切できない。だから常に家族や様々

なことが心配だし、出所後のことを考えたら不安しかない。だがそれも自分が悪事をしたせいなのだと、多くの者は自己嫌悪と諦めの日々を送っている。

そうした中で、明日への希望や、感謝の気持ちを持つ大切さをさりげなく教えてくれる二人の生の声は、自暴自棄になりがちな受刑者にとって、まるで慈雨のように沁み通っていく、希有な存在だった。彼女たちの話を聞き、子どものように号泣している受刑者が何人もいたし、懲罰覚悟で、何度も彼女たちの名前を大声で連呼する者もいた。それだけ多くの受刑者の心を掴んでいたのだ。

このように、彼女たちの、軽妙だが深い会話と、明るく朗らかな歌声が、確実に多くの受刑者たちを癒していた。音楽の基本とは人間の声である、という説が正しいと感じた瞬間であり、実に素晴らしい体験だった。できうるなら、もう一度あの環境の中で（もちろん罪は犯したくないが）Paix^{2}のコンサートを体験したいと思うくらい、今でも懐かしく思い出してしまうのだ。

国はPaix^{2}の活動に報いるべきだ

二〇二〇年、そのプリズン・コンサートがついに五〇〇回を超えたという。これこそまさに、世界に誇れる偉業であろう。

だが、こうした慰問はほとんどの場合、交通費の実費程度しか支給されず、ギャラなどは出ない場合が多いと聞く。また、刑務所は基本的に交通の便が悪い場所にあることが多く、移動に時間がかかり、とてもではないが採算が合うような仕事ではない。それでも、そのような非常に厳しい環境の中、受刑者たちの社会復帰に少しでも役立てば、という北尾さんと井勝さん、そして二人を支える片山社長の強く暖かい想いのお蔭で、今も各地の刑務所でコンサートは続けられている。元受刑者の一人として、ただただ深い感謝の念しかない。

出所後、しばらくしてからPaix²のコンサートに伺う機会があった。元受刑者と思われるお客さんが数多く来ていて、終演後に楽屋で挨拶を交わす光景を目撃することができた。本当に多くの受刑者たちが彼女たちの歌声に救われ、勇気づけられ、きちんと社会復帰を果たしているのだ。だから法務省というか日本の国はもっと深くPaix²に感謝し、大々的な表彰を行って彼女たちに報いるべきではないだろうか。彼女たちの貢献がもっともっと社会に知られ、「刑務所の歌姫」がさらに有名になってくれることを、きょうも心から願っている。

Ⅳ ［インタビュー］Paix²がワンチームになるまで（インタビュアー／構成・椎野礼仁）

二〇一九年のラグビーワールドカップでの日本代表の闘いは、いまだに記憶に新しい。〝にわか〟も含めファンの心を熱くした要因の一つに、選手たちが盛んに語った「ワンチーム」という言葉があった。国籍、出身地、文化など、いろんなバックボーンを持ったメンバーがワンチームとして機能した。さてそれでは、今、僕たちの前にいる、結成二十年、プリズン・コンサート五〇〇回の偉業を達成したPaix²とプロデューサーの片山始さんの三人は、いかにして今日を迎えたのか。アイドルだったら綺麗事で終わらせるであろう質問も、あえてぶつけてみた。それがPaix²を一貫して支持してきた当社ならではの姿勢だし、Paix²と片山さんならきっと答えてくれるに違いないという確信もあった。三人は期待に応えてくれた。

――片山さんがお二人に声を掛けてPaix²を作った時は、どういう組織体だったんですか？

めぐみ　片山さんはPaix²をやるために会社を作ったんです。

真奈美　アスジャパンという社名なんですけど、「Paix²」がフランス語から来ているので、「アス」は、確かフランス語で「一番」という意味だったと思います。

片　山　そういうことです。「アス」というのは「エース」（ACE）です。

――現在の「株式会社88エンタテインメント」と

いうのは？

片　山　88というのはゲンが良さそうだし、8って横にすると無限だから。会社を作る時、出資してくれた人も、いいねということだったので決めてスタートしました。結局その人も三年目には経営的に利益がなかなか出ないので抜けて、その後、$Paix^2$の活動を理解してくれている人が、最近まで経営に参加してくれていました。$Paix^2$はこれまで三人で自力でやって来ましたが、そんなにお金があるわけではない。でも営業の仕事がありさえすれば結構回っていたし、資金面で協力してくれた金持ちの友達とかいたりしたので、何とかかんとかやって来れました。

——すごい人ですね、何者ですか？

片　山　四十年来の友達ですが残念ながら亡くなってしまいました。

めぐみ　矯正施設でのコンサートについて、頑張っているんだから、儲からなくても社会のために頑張ってよ、という思いを持ってくださる方がいるんですね。活動自体もそういう方のおかげで続けてくることができたのではないでしょうか。

片　山　刑務所のコンサートもガンガンやるようになってきて、行動範囲がどんどん広がり、毎月大体、最低でも一〇〇万というお金は飛んでいきます。事務所の固定費、移動するガソリン代だとか車の消耗費、宿泊費、給料とか……。

——給料制なんですね。お二人の給料って高いんですか？

片山始さん

片山　まあまあそこそこ。
真奈美　高くはない（笑）。
片山　普通のOLくらいです。
めぐみ　多分それぐらいだと思います。
片山　OLっていくらもらっているか知ってるか？
真奈美　すごい安いでしょう？
片山　安いよ。大卒でも普通四～五年しても二十二万円とか。
真奈美　今、本当にひどいらしいですね。

――片山さんは経営者だから……。

片山　収入がないんですよ、僕の場合は。この人たちの給料を払うのに一所懸命です。自分の取り分はないです。

――どうやって生活しているんですか？

片山　預かってるタレントの営業とかマネージメントをピンポイントでやってます。うちの所属ではないですが、いろいろと知恵を絞っています。
めぐみ　結構有名なアーティストでも、フリーでマネージャーのいない方がプロモーションやマネージメントをしてくれる人を探していることが多いんです。しかも片山さんの場合は、単にプロモートするだけじゃなくて、音響の設備を持っているし、オペレーターもできるので「Paix²さんと一緒でもいいから仕事ないですか？」とか、そういう話がだんだん広がって。それは私たちのためにもなっています。昨日もバンドで配信ライブをしてきましたけど、そういうつながりの音楽仲間と一緒にライブやコンサートをやることも多いです。

おっかなびっくり始めためぐみの看護師時代のトーク

――お二人の役割分担としては、どっちが姉貴分とかあるんですか？

めぐみ　年齢的には私が少し上なんですけど、よく「漫才師みたい」って言われます。真奈美さんのボケに、私のツッコミかなあ。でも、コンサートになると、最初は明るい感じでコンサートを進行していきたいので、まず真奈美さんに話してもらうほうが大体うまくいきます。後半の、定番読書コーナーも、朗読は真奈美さんです。その後を引き継いでしんみり系の話を展開するのが私。声質的にもそのほうがコンサート的に流れがいいみたいです。

真奈美　そうかもしれないですね。最近しゃべってないですけど、看護師時代の「生き様とか死に様みたいな」そういう話を、めぐさんがやっていたので。

――あれは受刑者の方の琴線に触れるみたいですね。

めぐみ　看護師の体験からの話ということになるんですけど、言葉だけピックアップするとストレートすぎて反感を買うのかなって、最初はものすごくドキドキしました。こんな話をしたんです。「患者さんの容態が急変すると、看護師は家族の方に連絡します。すると、すぐに駆け付ける家族もいれば、そちらでよろしくお願いしますと言って、家族の方が誰も来ない例もある。結果的に、お葬式で多くの方に見送られる人と、誰にも見送られずたった一人で旅立つ人もいる。つまり生き様が死に様に反映している」。こういうことを言うめぐみって、多分嫌われてしまうんだろうなって思ってました。

――思いながらも、やめなかったのはなぜですか？

片　山　われわれは「慰問」という言葉は使いません。過去、刑務所でコンサートをやって来た芸能人たちというのは、めぐさんのようなメッセージ性の強い人生の教訓みたいな話はしてこなかったと思うんです。最初に生き様・死に様の話をした時に、函館少年刑務所の教育の担当技官が、「あのような受刑者たちが一瞬にしてシーンとしたのを初めて見ました。非常にいい話をしていただいてありがとうございました」って言ってくれたんです。「あなたたち、まじめにしなさい」とか「何でこんな犯罪を犯したんだ」とか、そういう話はできないですから、自分たちが感じたままの話、〝私はこういうふうに思いました〟という話をすると、彼等の心の琴線に触れるみたいですね。

――そういう話に打たれたという感想文も来たんですね。

めぐみ　その話をしてから二～三カ月後ぐらいだったかなと思います。

片　山　プリズン・コンサートの十五回目ぐらいの時でしたね。

めぐみ　なので、そういう話は私がするので、真奈美さんのほうは天真らんまんさを出してもらう。ただ重い話だけをするコンサートぐらいつまらないものはないじゃないですか。元々、私たちのコンサートの時間だけは元気と楽しさをみなさんに届けたいと思ってますから。

片　山　タイプ的に真奈美が受刑者に「こらっ」と言っても、なんか許される。

真奈美　言わないですけど（笑）。

片　山　以前出版した本の中にも書いていますけど、真奈美が言った言葉で「嘘をついたら、また罪が一つ増えますよ」みたいなことを言っても、それはドカーンとうける。彼女のキャラだと思うんですよ、何を言っても許せるな、という。

めぐみ　私が言うと刺さっちゃうんですよ。当時は今ほど私も余裕がないから、「こら」って言うと本当に怒ってるみたいになっちゃう。私が言っちゃったら駄目なんですよ。

片　山　最初、めぐさんは「そんな話できないですよ」って腰が引けていたんです。なので私がその話を文字に起こして「これをこのまま話しなさい」と言った。だから最初は嫌々だったと思いますよ。

めぐみ　文章そのまま読んだら、会場がシーンとなった。「ああ、私、もう終わった」と思って、本番中はずっと落ち込んでしまいました。

片　山　シーンとなったのが、実は受刑者のみなさんの気持ちに届いた瞬間だった。

普通のＯＬじゃなかった経歴の賜物

――お二人が社会性ある活動をするようになったというのは、給料は普通のＯＬかもしれないけれども（笑）、普通のＯＬじゃなかった職業歴というのが影響しているのでしょうか？

めぐみ　看護師は三年間しかやってませんが、三年間ずっと下っ端のままで揉まれていました。そうすると、自分に技量がないと、こんなにも患者さんに負担を掛けるんだなということを学びました。歌手になった当初もうまくいかなくて、何度も、「ああ、やっぱり実力がないとこんなもんなんだな」とか、「それには何か自分に武器を持たないといけないんだな」という考え方になれた。それは社会人経験があったからだと思います。

――真奈美さんは、今日ある姿は、最初の職業に関係ないですか？

真奈美　影響はあまり感じてないです。岡山大学の有名な研究所で働いていた時は、いろんな研究生がいるし、いろんな国から学者とかたくさん来るので、社会の仕組みみたいなものは何となく分かって、それは良かったと思います。

――片山さんは、なぜこのお二人を組まそうと思ったんですか。

片　山　純朴じゃないですか。今も変わらない純朴さがありますけど、若い頃は非常に純朴さ純真さにあふれてた。「ああ、田舎の子ってこうなんだ」みたいな。僕は東京のレコード会社で、汚れきった人や終わってしまった人もいっぱい見てますから。

――今でも純朴さは感じます。受刑者の人も〝何かピュアなものに自分が触れている〟というようなものを感じてると思います。

片　山　振り返れば「うわ、二十年か」みたいなのはありますけど、最初の頃は「どっちかにカレシが出来たら終わるかな」とか、そういう一抹《いちまつ》の不安はありましたよ。

——幸か不幸か、どっちにもカレシが出来なかった？

真奈美　まあ（笑）。

めぐみ　出来るようなタイプじゃないですよね、私は。

片　山　出来たか出来ないかはよく知りませんけど、曲がりなりにもここまでPaix²を通すというのはすごいなと思います。尊敬できる部分ではありますね。僕が預かった地方出身の歌手志望の人たちは他にもいたんですけど、夜遊びばかりしてるので「帰ってくれ」って言いました。

——お二人は夜遊びは？

めぐみ　する間がないですよね。私はインドア派なのでね。

真奈美　東京に出てきた時は、私たち片山さんちで住んでたので。二十四時間監視ですよね。決まりごとが多くて刑務所みたいな所でした。

片　山　塀はないぞ！

——自我の目覚めとともに飛び出したいとかは、やっぱりあるんじゃないですか？

真奈美　結局それで私は出ていったんです。家出に近かったかもしれないですね。

——それでどうしたんですか？

真奈美　アパートを借りて暮らしましたね。

——やっぱりそういう時期もあったんですね。

片　山　その頃は収入が良かったんですよ。スポンサーも付いていて。

——スポンサーってどういう？

片　山　社会貢献してるから、「応援しよう」という方もいた。でも後で揉め事になって、「お金返せ」って言われました。裁判になったんですけど、こっちには「貴方たちを無償の愛で応援します」と書いてある書類とかメールのやり取りが残ってたので、最後には向こうから和解を申し立ててきました。全くこっちに非はないということが分かったから良かったけど、三年以上、年月がかかったので、辛かったですね。結局、

「お金をどんどん使いなさい」って言われても、やっぱりお金を出す人には傲慢《ごうまん》さが出てくるなと勉強になりました。

――それはいつ頃のお話ですか？

片山　デビューして三年目の終わりぐらいからですね。彼女たちが、わーっとNHKとかテレビに出だした時期で、NHKの教育番組の歌も歌ってたんですね。だからそのスポンサーは「この子たちは良いマンションに住まわして、いい服着せて、ちゃんとすれば売れるんだ」ということを言い出して、徐々にやることに対して口を出してきたんです。でもそれは僕のポリシーとは違うし、これでは人間的に壊れてしまうなと思いましたので、スポンサーをお断りしました。なんだかお金は持っているのかもしれないけれど、奥さんは紹介してくれないし、住まいもはっきりしないし、渋谷区に高額納税をしているとか、言うことは素晴らしくリッチ感を表に出していましたが、ある時からなんだか変だなあと思うようになりました。そういう紆余曲折がありながらも今日あるというのはすごいなと思います。

めぐみさん

Paix^2 の二人は、法務省から保護司に任命されたり矯正支援官にも任命されて。法務省とはとても信頼関係にある。迂闊《うかつ》なことはできないですよ。貧乏していようが何していようが、歯を食いしばってもこれを貫き通さないと。だから今上《きんじょう》天皇の皇太子時代に、日本青年会館のイベントでは御前で『君が代』も歌わせていただきました。これも真面目に頑張って一つのことを継続してきた結果ですから……。

めぐみ　真奈美さんはオリンピックの聖火ランナーにも選ばれた。実際に走るのは一年延びましたけど。

――えー、そうだったんですか。どこを走る予定だったんですか？

真奈美　鳥取の倉吉市出身なので、そこで走る予定だったんです。そもそも倉吉市から「推薦しますけど、どうですか？」って言われたんです。

片　山　鳥取県ではイモトさんと彼女が芸能人では選ばれました。

プリズン・コンサートは片山さんが先だった

――結成二十年、プリズン・コンサート五〇〇回ということで、始めた頃の話を振り返っていただきたいんですが、最初に鳥取県警の倉吉警察署の署長さんに「お二人の感じがさわやかだから、刑務所でやったらどうか」と言われた時に、片山さんはどう思ったんですか？

片　山　僕は歌い手をやっていた短い時期があって、その頃、刑務所でも歌った経験があるんですよ。

――えー、演歌ですか？

片　山　はい、五木ひろしさん系の歌を歌っていて、岡山刑務所と、和歌山の女子刑務所に行きました。

――先に片山さんが行ってたんですね！

片　山　二十幾つの時です。なので刑務所がどういう場所か、「何だかとても怖そうな所みたいな感じ」というのは分かってたんです。それで倉吉警察署の田中署長がそんなことをぽろっと言うから、それは面白いなと思って、すぐに鳥取刑務所に電話をしたら、その頃たまたま鳥取の日本海テレビというローカル局で毎週金曜日にPaix²の歌が番組のテーマ曲で流れていたし、よく出演もしてましたので「Paix²さんが来てくださるならぜひ」ということになったんです。

——真奈美さんは話を聞いた時、どういうふうに思ったんですか。

真奈美　〝ふーん。そんなところで歌うんだ〟みたいな感じです。まさかこんなライフワークになるとは夢にも思ってなかった。

——めぐみさんは？

めぐみ　当時、実家にいたので、まず親に「今度、もしかしたら刑務所で歌うかもしれない」と言ったら、「まあ、あんた、頑張りなさいよ。みんなを勇気付けられるようにね」って言われたんです。経験のない場所でのことなのでMCとかコンサートの雰囲気をどうしたらいいかって、すぐそっちのほうばっかりに頭がいきました。仕事を選べる立場じゃないから、来た仕事に対して「どうこなそうか」と頭をぐるぐるさせていましたね。

——ずいぶんお二人の反応が違いますね。「ふーん」という人と、そこまで考えちゃう人と。

めぐみ　そのまま変わらず今も来てます（笑）。

片　山　刑務所のボランティアなので、営業になるわけではないのは分かってた。勉強になればなと思ったんです。刑務所なら、歌が下手だろうが音程が外れようが、しゃべりを外そうが、絶対会場のお客さんは怒って帰らないじゃないですか。だから、そういう所にぽんと放り出せば、どういうふうに自分たちでやっていくかなという、意地悪ですが、どのようにこなすのか、その楽しみもありましたよね。

だから、当初は僕が司会をしてたけど、もう三回目ぐらいからは放り出しました。

めぐみ　放り出されました（笑）。ただひたすら、曲にまつわる紹介とか、そういうありきたりなことばかりで六〇分くらいをつないでいたと思います。

——刑務所側から、なにか注意があったんですか？

片　山　三つ言われました。犯罪を助長するような話をしないでくれ、反社会勢力を持ち上げるような話をしないでくれ、それから、個人的に何かを言うのはやめてくれ、と。あと、実際に会場に入る時は、たばこ、ライター、マッチ、それからボールペンも凶器になるから置いていってくれとか、身ぐるみ剥がされる。今ではもうこっちが分かってるから。

めぐみ　「携帯預けます」って、言われる前にお渡ししたりとかしてます。

――「ミニスカートははかないでくれ」とかそういうのは……

真奈美　最初、はかないほうがいいかなとこっちが気を使ってたんですけど、「もっと足出したほうがいいんじゃない？」みたいなことをある時に所長さんに言われました。もうずいぶん前に退職されましたが、受刑者のみなさんからも、とても信頼のあった方でしたね。今の時代はセクハラだとかで多分問題になるとは思うんですけど、当時は「もうちょっと派手な格好してきていいよ」とか。

めぐみ　でも、それは何度かお会いしている所長さんでしたしPaix^{2}の雰囲気を知ってるから、そこそこ足を出してもこの人たちなら大丈夫だろう、ということで言ってくださったと思います。

真奈美　最初は、真面目に話を聞いてもらいたかったので、長袖、ロングスカート、みたいな感じでやっていたんですけど、「そのほうが中のやつらが喜ぶよ」って（笑）。実際にやってみて、そっちのほうがやっぱり自然なんですよね。

めぐみ　でも、それをやるのは真奈美さんじゃなければ似合わない。

――めぐみさんはいつもパンツルックですね。キャラを分けてるんですか？

めぐみ　そうですね、当時はクールな感じでいたほうが、自分が気が引き締まるなと思っていたので、ちょうどそういうスタイルに固まってきました。

――そういうふうに確立してくるのは、いつ頃ですか？

片　山　プリズン・コンサート一〇〇回……まではいかないか。最初は女だという目で見られないようにしなきゃいけないぞって、いつも二人に話していました。

歌としゃべりで観客を引き込む勉強をしろって、常に言っていましたね。

めぐみ　会場が大きいと、遠くからだから、どっちがどっちかわからない、という話を聞いたので、視覚的に全く分かれてるほうがちょうどよかった。

アイドル気質の真奈美さん
職人タイプのめぐみさん

――本には二〇〇一年五月段階で、「デュオとしての方向性が定まらず、精神的に辛い時期を過ごしたり」と書いてあるんですけど、「デュオとしての方向性が定まらず」というのは、プリズン・コンサートというよりも歌手キャラクターということですね？

めぐみ　当時は地元を中心に活動していて、イベントとか学校とかメディアに出演させていただいたりとかって、それは歌手の王道ではあったんですけど、それ以外の強烈な武器みたいなものがなくて……。いただいた歌を歌うということで、他にポリシーがなかった。じゃあ自分たちはどういうコンサートをしたいのかというのがぱんと出てこない。「もっとうまく歌えればいいな」とか「もっとお話が上手になればいいな」しか当時は考えてなかった。それだけの日々。

――本には「存続の危機もあった」ともありましたが……。

片　山　あったんじゃないですかね。

真奈美　やめようかなと思ったのはありますね。最近でこそライブもやるようにはなってきているんですけど、その前はほんとうに刑務所ばっかりだったので、それが何年も続くと〝売れもしないしどうなんだろう〟というのがあって。でも一～二年でそういうのはあまり考えなくなったんです。

――そういうのは三人でぐるぐる話し合うんですか？

めぐみ　話し合うのはなかったです。

——真奈美さんが悩んでいる時にめぐみさんは？

めぐみ　そういう話はしませんでしたね、特に。

——でも、どう考えているかというのは分かるでしょう？

真奈美　片山さんには「ライブとかもっとやっていきましょうよ」みたいな話はしてたんです。ただ、黒字になるほど集客もできないだろうし、あまり良い予想ができない状況でした。片山さんは赤字になるぐらいだったらやらないというポリシーでした。結局、その時期をちょっと越して、プリズン・コンサートの回数が増えていくに比例して、周りから一目置かれるようになってきて、テレビの取材や、週刊誌、新聞といった取材報道も増えてきましたので、そこでやっとすっきりしてきたかなって。それに刑務所をやっていたからこそ、営業もいっぱい入ってくるようになって、そこでだいぶ解消されましたね。

——めぐみさんは？

めぐみ　真反対でした。私は、売れないとかお金が儲からないというのは、自分たちの実力がないからだと思ってたので。それは今も変わらないんですよ。実力があれば、いつかは絶対誰かに応援される。爆発的なヒットとか爆発的なファンが得られないのは全部自分たちの力不足だと。歌とトークに集中して、結構ストイックになってたんです。今から思えば、若干空回り気味のストイックさだったかも。でも彼女は、どっちかというとアイドル気質だから。私は職人みたいな感

真奈美さん

じで、一歩一歩積み上げていきたいタイプなんです。

——面白いな。

めぐみ　歌手になった以上、彼女の言ってることに間違いはないんですよ。でも私は、欲しい結果というのは、実力があれば絶対どこかで得られるから、とにかく自分の技量を上げようと。だから真奈美さんの悩みを聞いても、きっと私には届かなかった。それで逆にあまり話をしないほうがいいなと思ってました。

当時は今みたいなコミュニケーションがステージ上でも取れず、トークも歌もなかなかうまくできなくて、お互いに探り探りで。この状態でお客さんを喜ばすことはできないなって思ってしまって、そういう人間が歌っちゃ駄目だ、辞めたほうがいいなと。一人でずーっと悶々と考えて、「もう私、外してください」って何度も片山さんに……。

——そう言われて、片山さんはどう?

片　山　それも一つの方法だなとは思ったんですけど、十年ぐらいやった頃ですよ。最初はＮＨＫの教育番組の歌を歌ったり、『歌謡コンサート』に出たりして、ワーッと彼女たちが右肩上がりに望むところに行きかけた。行きかけたけど、スポンサー問題とかごちゃごちゃあって、またゼロになって、みたいなところがあったんです。彼女たちは人生経験も少ないから、やめたらゼロになるということを分かってないわけですよ。続けた先に何があるかは続けてみないと分からない。でも、「ああ駄目だ」と思ってやめてたら、いつまで経ってもダメじゃないですか。確かにお金の苦労はありますけど、世間的に言うと、彼女たちは保護司であるし、国が認めた人格者であるというお墨付きを得るところまで来てるわけじゃないですか。だから、何が何でも継続させなきゃと、ずっと考えてました。

だから、モチベーションをどう持たせるのかということについては、ずいぶん僕も悩みましたね。真奈美君は、意外にさらっと「まあいっかー。ははん」という感じ。めぐさんは、とことん突き詰めて突き詰めてくるタイプだから、「まあいいか」がないわけですよ。

まじめが服を着て歩いているというような（笑）。

僕もどっちかというと、かなりいいかげんなほうなので、今日《きょう》やることを明日に回したりするわけですけど、彼女は、今日やることは今すぐやるというタイプなので、僕にしては非常に苦手なタイプ。

めぐみ　「うっとうしいな」みたいな存在らしいです（笑）。

——面白いチームだな。お二人とか三人で大喧嘩したことってないんですか？

片　山　ありますよ。ここに呼んで「おまえらな」って延々とやったことが何遍もありました。真奈美君は、私に叱られたりすると一カ月くらい落ち込むと言うのですが、背中を向けたら「あっかんべー」しているのではと私は思っていますね（笑）。

めぐさんが言うように、この世界、テレビとか出るのはやっぱりチャンスじゃないですか。テレビに出て、プロデューサーに認められて、「また次も出てよ」って言われるのがテレビの仕事。そういう大きなチャンスを何回も得てるわけですよ。ＮＨＫの『歌謡コンサート』に三回も出てるし。そこに出るということは、『紅白』につながったようなものだったんですよ。だけど、そこで田舎の人間だから引いちゃうんですね。人を押しのけてまで、というのがない。

めぐみ　立ち居振る舞いがやっぱり遠慮しちゃうという部分があって、「もっと前に出ろ」って言われたのに、当時はどうしても出られなくて……。

片　山　これからどういう芽が出てくるか。社会性の中で動いてきて、二十周年を機にここからどう展開していくか。遅咲きっちゃ遅咲きなんだろうけど、おかげで、そこまでまだ「熟女熟女」してないので……。

めぐみ　幸か不幸か（笑）。

——お二人が感情的にぶつかることもあるんでしょう？

めぐみ　最初の頃は私がばんばん言うので、もう相当嫌われてました。「客はうけてなかったから、こうしたほうがいいんじゃないか」とか、自分の感じたことをぶつけるけど、彼女は〝うるさいな〟とシャットダウンしてたのも分かってた。分かってたけど、変わってほしいなって思って、当時は若いし、私も熱くなっちゃってたから。年が経って、これはこうすると余計にマイナスになるなとか自制できるようになって、仕事の熱い話は片山さんにしておいて、彼女には何がしたいかを聞いて、そこから自分ができることは何かなというふうに考えるようになったんです。好きなことをやってもらっておいたほうがいい。彼女もそっちのほうがやりやすいだろうなって考え方が変わった。自分たちがお互いに良い面が出ればいいなっていう思いに変わっていきました。

言葉を大切にする歌をやらせたい

――めぐみさんと真奈美さんの音楽性の違いもあったんでしょう?

めぐみ　Paix² に成り立ての時は当時のヒット曲、安室奈美恵さんとか、小室哲哉さんの作品とかをよく聴いていました。それプラス高橋真梨子さんとか、ああいう実力派の方を聴きました。要は自分の歌唱力が上がるような人ですね。五輪真弓さん、ちあきなおみさん……。

――真奈美さんは?

真奈美　アーティストで言えばチャゲアスが好きだったんです。ゆずも結構好きでよく聞いてましたね。今は結構女性の曲、あいみょんとかも全然聞きますけど。

――片山さんが、この二人にやらせたかった音楽というのは?

片　山　僕はフォークソングが好きですから、人に言葉で伝わるものが好みなんです。彼女たちの歌を聴いてもらえば分かるけど、言葉を大事にしてるんですね。

――分かります。

片　山　だから、詞を大事にして、人の心の琴線に触れるものをやらせたいなって、常に思ってます。

――生命保険を解約してまで、この二人に懸けたというのは、才能を認めたということですか?

片　山　いや、才能を認めたというのはちょっと違うかも。これはうちの奥さんが偉かったと思うんです。

――片山さんの奥さん？

片　山　はい。「うちの娘と同じような歳の子を歌手にして大丈夫なん？　でも、やったからには、お金がないからって途中でやめたら恥ずかしいよ」って言われたんです。「そういう簡単な人と結婚したつもりはない」って言われました。

めぐみ　実際にお会いもしてますけど。

真奈美　素晴らしい方です。

めぐみ　なかなか言えないと思います。

――ワンチームにメンバーが増えた（笑）。

「人の意見は聞かなくていい」

「好きなように生きてください」

――では、お互いに一言ずつお願いします。まず真奈美さんがめぐみさんに。

真奈美　……そうですね。「あんまり人の意見は聞かなくていいよ」って。他の人がぽろっと言ったことでも、すごい真摯に受け止めるところがあるので。私は逆に、聞いちゃうとすごい心がしんどくなるんで、できるだけ人の話を聞かない……聞かないというわけでもないですけど。

片　山　聞かないじゃん。バリアー張って（笑）。

めぐみ　他人の話で傷つくことがあるのは確かです。

――では、めぐみさんから真奈美さんに一言。

めぐみ　「もう好きなように生きてください」って（笑）。彼女は好きなことをばんとやってるほうが輝いてるから。例えばこの先、結婚してやめたくなったとしても、それはそれで、彼女が選んだ好きなことだったらどうぞ、だし、一人で何かしたいってなるんだったらどうぞと。そっちのほうが人生楽しいと思えるんだったらそれをやってくださいということですね。

――次に、真奈美さんが片山さんに一言。

真奈美　そうですね……。

片　山　歯に衣《きぬ》着せるなよ。

真奈美　だいぶ最近良くはなってるんですけど、もうちょっと今の世の中の流れに乗ってもらいたい。昨日も無観客ライブの動画配信をやったんですけど、そういうものをどんどん採り入れていかないと駄目だと思うんです。ただ、ファンの方は年配が多いので、「ユーチューブの見方がよく分かんない」とかっていう人もいるので、そこをどうするかというのは私たちの課題なんです。でも、そこだけに合わせていると、時代から取り残されるので。

――めぐみさんが片山さんに一言、ありそうですね（笑）。

めぐみ　もう決まってます。「体に気をつけてください」。健康管理。

――今どこか悪いんですか、具体的に？

片　山　懐《ふところ》具合が悪いですね（笑）。

めぐみ　花粉症とか喘息とか、時期によって出てきちゃうので。今もこのコロナの時期に喘息って言っても、分かってもらえないですよね。疲労度があると余計に出てくるみたいで。

「コスプレをやりたい」「生きざまを話したい」

――芸能活動とかプライベートで何かやりたいことを教えてください。

真奈美　プライベートでは、今コスプレしようかと思って（一同、笑）。友達でインド人がいて、今来日してるんです。その子は男の子なんですけど、日本のアニメが好き過ぎて日本語を覚えたというタイプの子で、『ONE　PIECE』が大好きなんです。なので自分がルフィになるから合わせてくれって頼まれた。これがその写真＊なんです（と携帯電話を取り出す）。上半身だけなのでよく分からないけど、ハンコックなんですよ。髪形も切ってないんで、まだ全然低クオリティーですけど。衣装はメルカリで中古を買って、家でちょっと着てみたんです。そうしたら、太っちゃってて全然見せられないので、全身写真は×（笑）。

片山　昨日みたいに配信でやってくれると面白い。

めぐみ　いいね。

——めぐみさんはどんなことを？

めぐみ　芸能になるか分からないんですけど、自分の生きざまを講演できるようになってみたいなと思うんです。まだ今はそういう時期ではないとは思っているんですけど、お話だけで何かこう……。

片山　金稼げる。

めぐみ　金稼げるというところまで考えてないですけど、私は楽観的に考えられないタイプなので、同じような人の支えになるようなことが言えたら嬉しいなと。私の人生観を伝えることで、そういう人が、「あっ、じゃあ私も頑張ってみようかな」ってなるような活動。それが講演になるのか、何かまた別のことをやればいいのか、そこはまだ全く分からないんですけど。

——でも、それは $Paix^2$ の活動で、すでにやって

＊真奈美さんのコスプレ

るんじゃないですか?

めぐみ　大勢の方に話すのでなくても、お一人というようなことでもいいです。それで個人活動したいとかっていう意味ではなくて、そういう活動もできたらいいなというふうに思ってます。

——講演の仕事をやっていると本に書いてありましたけれども、講演の時は二人でしゃべるんですか?

めぐみ　Paix²で出る場合は歌も当然入っての話なので、あくまでコンサートと言えばコンサート、でもこれを講演って捉えてくだされば講演という、ちょっと中途半端な感じなんです。

——片山さんは何かご自分でプランしていることとか、あるいはプライベートでも何かやりたいことはあるんですか?

片　山　僕もめぐさんが言うようなことはやりたいなと思うんです。今やりたいなと思うのは、新しく刑務官になった人たちに対して、研修の講師をやりたいですね。

高校や大学を出て、Ⅰ種とかⅡ種の国家公務員資格を得て、法務省の職員とか刑務所の職員になるんですが、みんな甘いなと感じるんです。長く彼らと接してますから、偉くなる人は分かるんですよね。社会経験をして国家公務員を受けて刑務官になった人たちは、なかなか懐の大きい人がいて、やはり偉くなっていく。でも見てると、この人は所長になれないだろうなとか、この人は幹部止まりだろうなという人がいるわけですよ。その人たちに何が足りないかといったら、人間力なんですね。だから自分の経験を基に、失敗談ばかり織り交ぜて、人間力の講義をやりたいなと思いますね。

——それ、本にしたいですね。

片　山　今、川越少年刑務所というところで篤志面接委員を拝命しています。

——篤志面接委員って何をやる役職ですか?

片　山　学校の授業を一単位持っているというような感じです。僕の場合は文章講座を受け持ってます。文章の書き方の講義をしているわけです。

——どのぐらいの頻度ですか?

片　山　月に一回なんですが、彼らは熱心に食い付いてきますね。

自分の心と時間を大切に

——では最後に、読者へのメッセージということで、まず獄中経験者へのメッセージをお願いします。

真奈美　社会に出て、会いに来てくれる人とか、ライブに来てくれる人とか、SNSでメッセージをくれる人たちって、生き生きしていてすごく頑張っている人たちが結構いるんです。「中にいる時にいい刑務官の方に面倒見てもらうことができたから、今、自分は頑張れてます」と仰る方たちなんです。これぱっかりは運もあると思うんですけど、そういう刑務官の方たちの指導も社会に出ていった時に頑張れる一つの要因になるのかなと思うんです。

それにPaix²さんのコンサートを聴いて、人生やり直そうと思いました。そんなことを言ってくれる人もたくさんいます。そんな時には本当に胸が熱くなりますね。

——めぐみさんはいかがですか?

めぐみ　この話、少年院の中では最後のほうにさせてもらうメッセージでもあるんですけど、自分の心と自分の時間を大切に生きていってほしいなって。

どうしても、人間関係で心乱れるし、その乱れた時間で自分が悪いことを考えちゃうと、もう我慢できないと喧嘩するとか悪い方向に行ってしまうじゃないですか。でも、「心と時間を大事にしよう」って思った時点で、何か言われても「ああ、この人何か言ってるな」で止まって、喧嘩するとか言い合いになることはなくなるんじゃないかなと。刑務所や少年院にいる時はもちろん、社会の中では、いろんな関わりができると、自分の思ったようにならない状況が多い。そんな時、「自分の心と時間を大切に」ということさえ頭にあれば、刑務所の中でもうまく時間が過ごせるし、社会の中でもその人らしく立ち回れるんじゃないか。そういう思いがあるんです。将来「この少年院にいた時期があるから今の自分があるんだ」と誇れる大人になって欲しいと思っています。

——片山さんは？

片山　僕が思うに、刑務所に何度も行くというのはいかがなものなのかなと。図らずも刑務所の経験をしたとしても、一度すればそれでいいじゃないですか、人がしてない経験をしたと思えばね。だけど、それを二回も三回も繰り返すのは意味がない。人間の可能性って無限だと思うんです。刑務所で二年、三年辛抱できるんだったら、社会ではもっと辛抱できる。そうすれば、もっともっといいことが絶対ある。

だって、Paix²の不器用な二人が二十年経って、こうやって取材もさせてもらいの、それから本も作ってもらいの、いろいろ応援してもらいのって、ここまで来たのはやっぱり継続してきたからじゃないですか。この人たちが偉いのは、ずっと僕に騙されながらも継続してきたっていうことで、これはすごいなと思うんですよ（一同、爆笑）。

一月にプリズン・コンサートの五〇〇回目を横浜刑務所でやった時に、五〇〇回ということで、法務省から幹部の方も来るわ、メディアは来るわ、という状況だったんですが、法務省が私にまで感謝状をくれたんです。それが印刷された紙の感謝状ではなくて、木で作ったすごく立派な感謝状だったんですよ。それに「Paix²さんの活動は矯正行政に欠かせない存在であります」とまで言ってくださったので、その時には思わず涙が出そうになって、取材のカメラマンの方に「片山さん顔が固いですよ、笑顔でお願いします」って突っ込みが入りましたが、本当に泣きそうになったんですよ。

——しかも片山さんを含めて三人にくださいましたね。

片　山　はい。やっぱり信念を曲げずに貫いて真っすぐに向き合ってきたということは間違いじゃなかったなって、Paix^{2}の二人に対してもちょっと胸が熱くなった。五〇〇回、一緒によくやってくれたなと。

――半端な回数じゃないですからね。

片　山　そう。だから、この人たちに僕の目が黒いうちにいいことがあればいいなと。

真奈美　すでにちょっと白いですけどね（一同、笑）。

若い人たちへのメッセージ

――じゃあ本当の最後に、若い人たちへメッセージを送ってください。

めぐみ　私もそうでしたけれど、「自分はこれができないから駄目だな」って思っちゃって、チャレンジすることを諦めちゃう。でも今の時代は、自分の個性を活かせばどこでも生きていける道はある。例えば、数学が苦手で国語が得意だとしたら、苦手は置いておい

て国語の部分を伸ばせばいい。国語が苦手で数学が得意だったら、数学を活かしていけば、絶対、社会の中のどこか光るポジションを得られると思います。欠点にはこだわらず、長所の部分を活かして頑張ってほしいと思います。

——真奈美さんはいかがですか？

真奈美　私は……特にないですね。そんなに人にしゃべれるような人生を送ってないですしね。今世界中がコロナウイルスの件で先の見えない状況に苦しんでいるじゃないですか。若い人というよりむしろ年配の人のほうがさまざまな物を買い占めたりとかが多い気がするんです。あくまで私のイメージですよ、若い人のすべてがそうだとは言いませんが、意外にその辺はちゃんとしてるなって思うんです。今、思い出しちゃったんですけど、渋谷でファンのおじいちゃんと歩いてたんですよ、八十代の。そしたら道玄坂を歩いてる時に、急にバターンって倒れたんですよ。私、頭が真っ白になって、周りの人に「すみません、救急車呼んでください」と口走ってたんですけど、足を止めてくれた人たちって、やっぱり若い人。渋谷だからというのもあるかもしれないですけど、二十代前半ぐらいの女性二人が懸命に救急車を呼んでくれて。あと、もしかしたら少年院で私らのことを見てるんじゃないかなというような風貌の男性二人が、おじいちゃんの介抱をしてくれて、救急車が来て運ばれる時に、鼻水やらよだれやらですごく汚れてるおじいちゃんの手を握って、「頑張ってよ」と言ってくれた。もうすごくいいなと思って。

片　山　捨てたもんじゃないよね。

真奈美　だから「若い人たちへのメッセージ」なんて偉そうなことは、私は言えません。

——大トリで片山さん、締めてください。

片　山　何かやり出したら、やっぱり何年かは続けてほしいなって。仕事でもそうです。現実社会に出て働くとなると、学生時代とは全く違うじゃないですか。学生時代のスキルといったらほとんど役に立たない。

その現実は誰もが同じだから、やめないで経験値を蓄積してほしいなというのはありますよね。

昔と違ってやんちゃをする人が少ない。暴走族だとかね。昔は少年院でも暴走族や、やんちゃ系の人たちは少年院の教官も指導しやすかったと言いますからね。更生がしやすかったんです。男意気で、「分かった。この人のためなら真面目にやろう」とかいうのが多かったから。今は電話詐欺の受け子とか、少年犯罪も暗い。世の中の教育がそうなってしまってるんでしょうけど、われわれ人生の先輩がその辺のやんちゃに「おい、こら」って遠慮なく言えない時代じゃないですか。下手したら包丁持ってきて刺されるみたいな、簡単に人を傷つける人たちが多い。若い人たちはもっと自分の人生が大事という自覚を持たないとよくないと思いますね。

だから、仕事も趣味も、何かやりたいことがあったら続けてやってほしいなと。歌手になりたいというなら、とことん歌手を突き詰めればいいし、今チャンスはどこにでもあるから、とことんやればいいなと、そんなところです。

――Paix² を見習えということですね。分かりました。ありがとうございました。

（二〇二〇年三月二十七日、88エンタテイメントの事務所にて）

V　Paix^2 プリズン・コンサート五〇〇回—
結成二十年への歩み［一九九八年～二〇二〇年］

この項、敬称略

【1998年】	
12月6日	鳥取県琴浦町出身の井勝めぐみ（以下めぐみ）と倉吉市出身の北尾真奈美（以下真奈美）が、日本縦断選抜歌謡祭・鳥取大会（カウベルホール）に出場。真奈美が『未来へ』（Kiroro）、めぐみが『for you…』（高橋真梨子）を歌う。２人のエントリーナンバーが39番、40番と偶然にも続き番号であった。
【1999年】	
2月28日	日本縦断選抜歌謡祭・山口県大会にデュオとして出場。
3月	真奈美が歌手活動に専念するため岡山大固体地球研究センター（鳥取県三朝町）の技術補佐員を退職。
4月29日	日本縦断選抜歌謡祭・広島県大会にデュオとして出場。
5月～6月頃	インディーズデビューが決定。デビュー曲は『風のように春のように』『きっと大丈夫』が決定。何度も2人で夜行バスを使って上京、レッスンを重ねる。 初めてのレコーディング。ファーストシングルＣＤ『風のように春のように』の音源完成。
9月	日本縦断選抜歌謡祭・岡山県大会、島根県大会に出場。 めぐみが看護師として勤めていた垣田病院（倉吉市）に辞表を提出（２０００年3月31日退職）。
12月	ユニット名が「Paix^2」に決定。デビュー曲の『風のように春のように』をイメージしてめぐみが命名した。「Paix」（ペ）はフランス語で平和の意味。デュオなので「Paix」を二乗にして「Paix^2」になった。

【2000年】

4月21日	インディーズデビュー。鳥取県庁観光課の勧めでデビュー当日、鳥取県庁の記者クラブでデビュー会見を開き『読売新聞』（大阪版）をはじめとする各種媒体で2人のデビューが取り上げられる。
5月	日本海テレビ『GO！5！知っテレビ』のエンディングに『風のように春のように』が採用される。
6月9日	デビュー後すぐに県教育委員会を通じてデビューシングルを鳥取県内１３８校の小学校に寄贈。めぐみの母校である赤碕小学校から声がかかり、「学校コンサート」を初めて開催。これをきっかけに各地で学校コンサートを展開する。
7月19日	学校コンサートの様子が雑誌『フォーカス』7月26日号（新潮社）に掲載される。
9月21日	倉吉市秋の交通安全運動、倉吉警察署の一日署長に任命される。『風のように春のように』を聞いた警察署署長から「刑務所で歌ったら喜ばれるかもしれないね」と言われ、マネージャー兼プロデューサーの片山始が翌日さっそく鳥取刑務所にコンタクトを入れる。
11月11日	朝日新聞夕刊一面にカラー写真入りでPaix^{2}の活動が大きく掲載される。〝産地直送型〟の「ご当地デュオ」「鳥取のアイドル」として紹介され大きな反響を得る。
この頃	各メディアに記事が掲載されたことにより、片山がメジャーデビューに向けてレコード会社、日本コロムビアと交渉を始める。
12月2日	鳥取刑務所で初めての刑務所コンサートを実施。約５００人の男性受刑者の前で歌う。日常とかけ離れた空間に「頭が真っ白になった」とめぐみ。片山は「舞台度胸をつけさせるためだった」とのちに回顧。この頃は持ち歌が少なかったため『なごり雪』『秋桜』『時代』など懐かしいヒット曲のカバーで乗り切る。

【2001年】

2月17日	山口刑務所（山口県）で2回目の刑務所コンサートを実施。当初、片山は別の歌い手を勧めたが、刑務所側から「鳥取刑務所で歌ったPaix²さんをお願いします」と逆指名があり、Paix²が歌うことになる。
4月21日	インディーズデビューから1年後にあたるこの日に日本コロムビアからメジャーデビュー。これに合わせて3曲目のオリジナル曲『元気だせよ』をレコーディング。
4月	鳥取県会見町のとっとり花回廊などでMV撮影を実施。鳥取県西部地震で風評被害に悩む県内の観光地PRに一役買えればと企画した。
5月12日	愛媛県のTSUTAYAで初めてのインストアライブ。店内にライブスペースがなく、歩道に向かって歌う。デュオとしての方向性が定まらず精神的に辛い時期を過ごした。
10月27日	山口刑務所で3回目の刑務所コンサートを実施。

【2002年】

1月12日	通算4回目の刑務所コンサートを鳥取刑務所で実施。
この頃	片山が知り合いの新聞および週刊誌記者を集めてPaix²のメジャーとしてのプロモーション活動について相談。インディーズ時代に行った刑務所コンサートの話がみなに一様の驚きを与え、『東京スポーツ』の記者が〝社会派デュオ〟というキャッチコピーを提案したことから、刑務所でコンサートを継続していく方向で決める。全国の刑務所にコンサート誘致のダイレクトメールを送る。ダイレクトメールを見た全国の刑務所から鳥取刑務所に問い合わせが相次いだことを後に知る。
2月	ダイレクトメールの効果で、初めて黒羽刑務所（栃木県）から問い合わせがあり、新潟・島根などの施設からも問い合わせが続いた。

3月16日	黒羽刑務所で通算5回目のコンサート。ここから全国の矯正施設をまわる活動を本格的に始めることになる。
3月31日	黒羽刑務所のコンサートの様子が『サンデー毎日』4月7日号に巻頭カラーグラビア2ページで掲載された。これにより全国の矯正施設からの依頼が来るようになり、徐々にメディアに注目されていく。
春	めぐみと真奈美の2人が上京。活動の拠点を鳥取から東京に移す。
3月〜7月	2002年の矯正施設巡回を「2002プリズン・コンサート」と名付けて7月の神戸刑務所まで15カ所を回る。フジテレビ『とくダネ！』（7月12日）、『女性自身』（光文社、8月13日）、『毎日新聞』「ひと欄」（9月14日）、TBS『ウッチャきナンチャき』（10月30日）、『週刊プレイボーイ』（集英社、11月26日）などで報じられる。この頃から、「刑務所のアイドル」「受刑者のアイドル」といったキャッチフレーズが付くようになる。
12月7日	鳥取県警音楽隊の『第3回ふれあいコンサート』に特別参加。被収容者としてコンサートを聴いた元受刑者が、手紙に花束を添えて訪ねてくるという体験をする。「もう二度とこういうところに来てはいけないとコンサートを見て思った」、「社会に出てもう一度やり直そうと思った」という手紙の内容から、〝慰問〟という枠を超えた、刑務所でのコンサートの社会的役割を確信する。
【2003年】	
1月25日	「2002年プリズン・コンサート」の〝凱旋〟ともいえるコンサートを鳥取刑務所で実施（通算36回目、鳥取刑務所では第3回目）。

春	2人の上京以来、片山の考えにより、営業利益が低い仕事は受けないという方針を継続する一方で、ボランティア活動であるプリズン・コンサートは続けるという信念を通しており、この頃経済的に最も厳しい状況に入る。
6月7日	石川県金沢市の少年院「湖南学院」で50回目のプリズン・コンサートを達成。
11月13日	日本テレビ『きょうの出来事』で取り上げられる。
12月27日	共同通信配信の「刑務所巡業に静かな人気　異色の女性デュオ『Paix^2』」の記事によりＨＰのアクセス数が1日で2万回を超える。
【2004年】	
1月21日	『天女の羽衣物語』をネット限定で発売。この曲は、倉吉市でガソリンスタンド事業を展開している打吹商事より、倉吉市のシンボルである打吹山の「天女伝説」をテーマにした楽曲制作の話が持ちかけられたことがきっかけで制作された。
3月7日	ＴＢＳ『サンデージャポン』で取り上げられる。
4月～	ＮＨＫ教育テレビ『ひとりでできるもん！どこでもクッキング』のエンディング『ＳＡＹいっぱいを、ありがとう』を担当。以後2年間同番組で採用され続ける。この楽曲のお蔭で各地のショッピングモールでのキャンペーンが増えていった。
5月19日	セカンドシングルとして、「天女の伝説」を題材にした2曲目の楽曲『花天女』発売。
5月25日	『ＮＨＫ歌謡コンサート』の「輝け！期待の新生たち」に出演。『白い色は恋人の色』『花天女』の2曲をＮＨＫホールで歌う。

6月3日	『週刊文春』6月10日号（文藝春秋）で取り上げられる。
7月21日	3枚目のシングルとして『SAYいっぱいを、ありがとう』を発売。
11月6日	愛媛県東温市見奈良の松山刑務所で100回目のプリズン・コンサートを達成。
11月22日	TBS『ウォッチ!』で取り上げられる。
12月9日	日本テレビ『ニュースプラス1』で取り上げられる。
12月19日	『朝日新聞』にPaix^{2}の記事が載る。「塀の中　心をほぐす歌」。

【2005年】

1月25日	『NHK歌謡コンサート』出演。『SAYいっぱいを、ありがとう』を歌唱。
2月1日	『NHK歌謡コンサート』出演。鳥取での生放送で『SAYいっぱいを、ありがとう』などを歌う。
2月23日	NHKラジオ第一『はつらつスタジオ505』に出演。
4月20日	毎日放送『ちちんぷいぷい』で特集される。
8月3日	鎌倉FMで『ぺぺの元気だせよ』が放送開始。パーソナリティーを務める（～翌年1月25日まで半年間）。
8月15日	『毎日CREY』9月号（毎日新聞社）に取り上げられる。
8月20日	雑誌『THE別フレ1000』（講談社）でPaix^{2}の活動が漫画になり、各方面から大きな反響を呼び、レコード会社などに問い合わせが殺到する。
この頃	めぐみが歌手になってからの経験を看護学生向け雑誌『クリニカルスタディ』（メヂカルフレンド社）に3カ月にわたって寄稿。
10月1日	実業之日本社よりデュオ結成前からの7年を記した『SAYいっぱいをありがとう』を刊行。

10月19日	ファーストアルバム『逢えたらいいな』を発売。デビュー曲である『風のように春のように』など12曲を収録。
11月7日	『AERA』11月14日号（朝日新聞出版）で特集される。
11月16日	関西テレビ『2時ワクッ！』で取り上げられる。
11月19日	NHKラジオ第一『ひるの散歩道』に出演。
12月21日	杉浦正健法務大臣（当時）から感謝状が贈られ、法務大臣室で授賞式が行われる。
12月25日	日本テレビ『真相報道バンキシャ！』で報道される。
【2006年】	
2月15日	『ダ・カーポ』578号（マガジンハウス社）で取り上げられる。
2月28日	フジテレビ『めざましテレビ』で取り上げられる。
3月1日	『矯正の窓』春号（矯正協会）に活動が掲載される。
4月18日	『FLASH』5月2日号（光文社）、『週刊プレイボーイ』5月2日号（集英社）に載る。『週刊プレイボーイ』は8日号、15日号と3号連続で掲載される。
4月21日	東京都渋谷区神宮前2丁目のBlue Jay Wayを皮切りに全国主要都市コンサートツアーを開始。東京、大阪、鳥取、福岡、札幌で実施される。
4月～5月	NHK第一ラジオで月毎に発表される「人と人の心を結ぶ歌ユアソング」に起用され、楽曲『ずっとずっと』が2カ月連続でオンエアされる。
4月26日	4枚目のシングルとして『ずっとずっと』を発売。

5月17日	岐阜県笠松町の笠松刑務所で１５０回目のプリズン・コンサートを達成。名古屋矯正管区長から感謝状が贈呈される。
5月18日	共同通信より前日の１５０回目コンサートの様子が配信される。「〜慰問を続け…『ぺぺ』１５０回目コンサート〜」。
5月24日	ＮＨＫラジオ第一『きらめき歌謡ライブ』に出演。
6月4日	「鳴き砂」で有名な京都府琴引浜でチャリティーコンサート「第3回はだしのコンサート」に参加。ほかの参加アーティストとコラボを体験。
6月13日	ＮＨＫラジオ第一『ひるの散歩道』に出演。
6月20日	『週刊女性』7月4日号（主婦と生活社）の「人間ドキュメント」で6ページにわたり特集される。
6月21日	ＮＨＫラジオ第一『わくわくラジオ』に出演。
7月30日	大分刑務所のプリズン・コンサートで山本晋也監督の密着取材を受ける。その様子が8月30日のテレビ朝日『ワイド！スクランブル』で放映される。
9月28日	『東京新聞』で特集される。「受刑者に励ましの歌声」。
10月1日	政府広報誌『時の動き』（国立印刷局）で特集される。
10月	映画『だからワタシを座らせて。通勤電車で座る技術！』（市川徹監督）に出演。主題歌『白い色は恋人の色』を歌う。デビュー当時の向井理・波留らも共演。
10月30日	『産経新聞』で特集される。「堀の向こうに希望を与えたい」。
11月20日	大阪朝日放送ＡＢＣテレビ『ムーブ！』で特集される。
12月2日	ＮＨＫ・ＦＭ『サタデーホットリクエスト』に出演。

12月15日	TBSテレビ『中居正広の金曜のスマたちへ』で特集される。
12月16日	全国主要都市コンサートツアーのラストを飾るコンサートを、ツアー初日と同じBlue Jay Way（渋谷区）で開催。
12月30日	ライブドアニュースのコラムである『ファンキー通信』に取り上げられる。「塀の向こうにもアイドルがいた⁉」。
【2007年】	
1月16日	MBS『ちちんぷいぷい』で2回目の特集が組まれる。
2月	特定非営利活動法人日本BBS連盟機関紙『ともだち』で特集される。
4月	NHK教育番組『おかあさんといっしょ』8代目の体操のお兄さん、瀬戸口清文による監修振付の教材用CD『セトちゃんのにこにこみーつけた！4』に収録される『きみがいるから』を担当。
6月3日	法務省矯正局長より感謝状が贈られる。
6月16日	千葉刑務所（千葉市）で通算200回目のプリズン・コンサート。刑務所の講堂で1時間半、約650人の受刑者を前に『SAYいっぱいを、ありがとう』など12曲を熱唱。その様子が同日配信の共同通信の記事で取り上げられる。「慰問コンサート200回目『Paix²』受刑者に思い届け！」。東京矯正管区長より感謝状が贈呈される。
6月26日	『週刊女性』7月10日号（主婦と生活社）で取り上げられる。
9月21日	山梨県南甲府警察署長より感謝状が贈られる。
9月24日	国立オリンピック記念青少年総合センターで開催された「BBS運動発足60周年記念式典」に出席の皇太子（現・令和天皇）の前で国家斉唱。同日、日本BBS連盟会長より感謝状が贈られる。

9月29日	札幌矯正管区長より感謝状が贈られる。
11月16日	「第12回早稲田矯正保護展」に合わせて早稲田大学小野梓記念講堂でコンサートが行われる。以後、「早稲田矯正保護展」で毎年公演することになる。
12月30日	フジテレビ『さんま・福澤のほんまでっか!?ニュース』で特集される。
	この頃からコンサートや取材の依頼だけではなく、講演の依頼も来るようになる。

【2008年】

2月18日	テレビ東京『モテケン』に出演。
3月25日	めぐみが自立神経失調症で3日間の入院。めぐみの体調に配慮して一時仕事を抑制。
4月4日	関西テレビ『スーパーニュースアンカー』に取り上げられる。
8〜9月頃	鳥取市戎町にある真教寺の永井廣道住職、および、同じく鳥取市上味野に在る願行寺の黒川信行住職ら有志10人によるPaix^{2}後援会が設立される。後援会会長に平井伸治鳥取県知事が就任。
5月25日	法務省主催の「赤れんがまつり」に出演。
6月7日	法務省矯正局長より感謝状が贈られる。
6月18日	5枚目のシングル『おかげさま』発売。同曲は、法務省の「社会を明るくする運動」の応援メッセージソングに選ばれる。
7月13日	『日本経済新聞』の「社会人」欄に紹介される。
7月28日	『週刊現代』8月9日号（講談社）で特集される。「いまどき泣ける『ちょっといい話』」。
8月31日	『24時間テレビ』（日本海テレビ）に出演。
9月1日	鳥取市観光大使に就任。同市の観光大使としては39人目。

9月8日	NHKラジオ第一『歌の散歩道』に出演する。
9月30日	テレビ朝日『スーパーモーニング』で特集される。
10月5日	NHKラジオ第一『日曜バラエティー』に生放送で出演。『ずっとずっと』『おかげさま』を歌う。
11月22日	NHK総合『おはようちゅうごく』で特集される。
11月27日	浄土宗の総本山である知恩院（京都）のライトアップコンサートで「Paix^{2}オータムコンサート」を開催。以後、同院のライトアップコンサートに2010年まで3年連続で出演することになる。
12月15日	森英介法相（当時）から法務大臣感謝状が贈られる。

【2009年】

7月8日	NHK教育テレビ『福祉ネットワーク』に出演。「刑務所に歌を届けて——歌手Paix^2」。
8月5日〜	衛星デジタル音楽放送であるラジオ MUSIC BIRD で放送されている番組『週刊メディア通信』の中で「ぺぺの元気出せよ」がスタート（〜2014年6月25日）。
10月4日	札幌矯正管区長より感謝状が贈られる。

【2010年】

1月1日	鳥取中央有線放送のケーブルテレビ（TCC）で新春特別番組『SAYいっぱいをありがとう〜届け！心のメッセージ〜』が放映される。
4月	会員制クラブ季刊誌『Link Club News Letter』（2010年春号）で特集される。「塀の中からきこえる歌声　受刑者アイドル、その青春〜」。
4月25日	兵庫県新温泉町熊谷にある善住寺で50年に一度の「御本尊大日如来『御開帳大法要』」に出演。

7月10日	広島県東広島市の光源寺の「親鸞聖人750回大遠忌お待ち受け法要」でコンサートを実施。
10月20日	6枚目のシングル『ともいき…未来へ』を発売。歌手さだまさしが同年に「法然上人八百年大遠忌」に合わせて作詞作曲した『いのちの理由』を後援会の後押しで急遽カバー収録することになる。
10月25日	知恩院の布教師会中四国支部主催で、法然上人の生誕の地である誕生寺（岡山県久米郡）で行った「法然上人八百年大遠忌お待ち受け法要」で公演を行う。
12月12日	NHKラジオ第一『日曜バラエティー』に生出演。
12月21日	読売テレビ『ズームイン!! SUPER』で特集される。
12月25日	『月刊ミュージック☆スター』2011年2月号（エクシング・ミュージック）で取り上げられる。

【2011年】

1月2日	BS朝日『新平成歌謡塾』に出演。
1月27日	香川県高松市にある興正寺別院で行われた「ご坊さんライブ'11――いのち つながり よろこび」でゲストコンサートを行う。
2月27日	鹿砦社主催の「鈴木邦男ゼミin西宮（通称「西宮ゼミ」）」にゲスト出演。
2月28日	鳥取県倉吉市観光大使の委嘱を受ける。
3月11日	14時46分、東日本大震災が発生。3月14日に予定されていた茨城県にある児童支援施設でのコンサートの他、中部、関東、東北地方の仕事がすべてキャンセルになる。
3月	鳥取県広報連絡協議会発行の情報誌『とっとりNOW』（89号）で特集される。「ここにこの人」。
4月3日～	文化放送『浄土宗の時間』にレギュラー出演（～2013年3月）。
4月	雑誌『Hiroba』4月号（メイト）に、CD未収録であった『地球まわる』が付録CDとして付く。

4月22日～24日	東日本大震災で被災した宮城県気仙沼市と仙台市の避難所計7カ所でコンサートを行う。
5月12日	真奈美が2回目の被災地訪問に向かう途中で椎間板ヘルニアになり緊急入院。地元鳥取の新聞でも取り上げられる。めぐみと片山が2人で、コンサートを約束していた13カ所を回り、お詫びと支援物質を届ける。
5月31日	3回目の被災地訪問。永井廣道住職、黒川信行住職と同行する。
6月9日～30日	大分刑務所を起点とした北海道ツアーと被災地コンサートに出発する。途中、19日には札幌市中区の新善光寺「宗祖法然上人八百年大遠忌法要」でコンサートを行う。
6月22日	HBC北海道放送『NEWS1』で特集される。
7月24日	蓮の花で有名な鎌倉市光明寺で行われた「浄土蓮想―ともいきの心で―」観蓮会でコンサートを実施。
8月10日	『PHPスペシャル』9月号（PHP研究所）で特集される。「私のターニング・ポイント」。
8月21日	鹿砦社主催で単独ライブを行う（兵庫県西宮市カフェ・インティ・ライミ）。
9月10日	浄土宗の七大本山の一つである増上寺（東京都港区）で行われた「法然セミナー2011―苦楽共生」で公演を行う。
9月23日	山梨県大月警察署長より感謝状が贈られる。また同日、山梨県大月署で一日警察署長を務め、都留市の交通安全フェスティバルに出演。
10月9日	第31回「アジア太平洋矯正局長等会議」（リーガロイヤルホテル東京）で海外のゲストの前で公演を実施。
11月12日	被災地である岩手県大槌町の大念寺で行われた「歌のライブとパネルシアター実演会」に出演。
11月13日	岩手県紫波町の浄土宗極楽寺で行われた「歌のライブとパネルシアター実演会」に出演。

12月4日	千葉市文化センターで行われた「千葉県BBS運動発足60周年記念大会」でコンサートを実施。
【2012年】	
1月13日	TBS『マツコの知らない世界』で取り上げられる。
1月14日	三重刑務所で通算300回目のプリズン・コンサートを達成。日本テレビ『情報ライブミヤネ屋』の取材を受ける。
1月22日	鈴木邦男ゼミin西宮でミニライブ、300回プリズン・コンサートと同じ曲目。当日の様子はのちに単行本『逢えたらいいな』(同年4月21日、鹿砦社より刊行)にDVDとして収録された。
1月30日	プリズン・コンサートが300回を突破したとして、『毎日新聞』の「ひと」(東京・総合欄)で紹介される。
2月17日	300回目のコンサートの様子が『情報ライブミヤネ屋』で30分の特集で放送される。
2月26日	NHKラジオ第一『日曜バラエティー』に生出演。
2月28日	土浦市民会館「茨城県更生保護女性連盟結成55周年記念のつどい」で歌と講演。
3月27日	文化放送『くにまるジャパン』に出演。
4月21日	2冊目の単行本『逢えたらいいな——プリズン・コンサート三〇〇回達成への道のり』が鹿砦社より刊行される。
4月28日	300回突破記念コンサートが後援会の主催により鳥取市弥生町の「パレットとっとり」で開かれる。
5月	『WAM』5月号(独立行政法人福祉医療機構)に取り上げられる。「継続することの大切さ」。
5月30日	NHK第一ラジオ『歌の散歩道』に生出演。
5月31日	共同通信からプリズン・コンサート300回について報じた記事「女性デュオ、刑務所公演300回——結成12年」が配信される。

6月1日	科学技術館で開催された「第54回全国矯正展」でオープニングセレモニーのテープカットを担当。法務省矯正局長から感謝状が贈られる。
6月11日	BSスカパー！『BAZOOKA!!!』にシークレットゲストとして出演。
6月21日	『週刊実話』7月5日号（日本ジャーナル出版）で取り上げられる。「受刑者のアイドルPaix^2　いまも歌い続ける全国３０８回『プリズン・コンサート』」。
8月4日	犯罪非行の防止と犯罪者・非行少年の矯正・更生に尽力している個人・団体を表彰する「第３回作田明賞」の優秀賞を受賞する。
8月20日	同日から配信されたＢｅｅＴＶの映画、杉良太郎監督・主演の『親父の仕事は裏稼業』に歌手役で出演。
9月18日	『サイゾー』10月号（サイゾー）で取り上げられる。
10月18日	東京都葛飾区のかつしかシンフォニーヒルズで、財団法人矯正協会ほか後援の「Paix^2 チャリティコンサート　元気だせよ　かつしか」が開催される。
10月20日	ハワイ・マウイ島にあるラハイナ浄土院の１００周年を祝した法要「ラハイナ浄土院創立１００周年慶讃大法要」に出演。
10月22日	マウイ島北部にあるシニア向け施設〝Hale Mahaolu〟（ハレ・マハオル）が東日本大震災で1万ドルの義援金を日本に寄せてくれたことに対する「日本からありがとうコンサート」を提供。
11月10日	日立グループ母体の「茨城アジア教育基金を支える会」がラオス教育支援事業の一環として行った「元気だせよ！ぺぺコンサート」を茨城県日立市、ゆうゆう十王で開催。
11月15日	静岡県御殿場市にある原里中学校で「夢創造事業・キャリア教育講演会スクールコンサート」で「Paix^2 コンサート」を行う。

11月29日	「第17回早稲田矯正保護展」（小野梓記念講堂）でコンサート（２００７年から6回目）。これまでコンサートだけだったがコンサート終盤に質疑応答が加わる。
12月19日	森本敏防衛大臣（当時）から、被災地の自衛隊の駐屯地で士気高揚のための慰問ミニコンサートを行ったことに感謝状が贈られ、贈呈式が行われる。
【２０１３年】	
1月14日	『日経ビジネス』１月14日号（日経ＢＰ）で取り上げられる。「旗手たちのアリア〝塀の中の歌姫〟Paix²」。
2月9日	『ニコニコ生放送』に初出演。トークと生歌を披露。「〝受刑者のアイドル〟Paix²刑務所内でのプリズン・コンサート３００回達成！感動秘話と歌を生中継‼」。
2月13日	文化放送『走れ！歌謡曲』にゲスト出演。
3月10日	飯田市鼎文化センター「飯田市更生保護女性会結成60周年記念大会」歌と講演。演題は「いのちあることの理由…」。
5月7日	文化放送『走れ！歌謡曲』にゲスト出演する。翌日発売のセカンドアルバム『ＨＡＮＡ 爛々と』を携えての登場。
5月8日	セカンドアルバム『ＨＡＮＡ爛々と』を発売。表題曲ほか4枚目と5枚目のシングル『ずっとずっと』『おかげさま』他、カバー曲の『いのちの理由』を含む13曲を収録。
5月19日	長野県売木（うるぎ）村が村の特産品として開発したカボチャ焼酎「いいじゃんか」とPaix²の楽曲『いいじゃんか』が繋がり、同村の観光大使任命。同日任命式が行われる。
7月14日	ＢＳ朝日『新・平成歌謡塾』に出演。

8月25日	NHKラジオ第一『日曜バラエティー』に出演。『夏雲』と『神様への手紙』の2曲を歌う。
9月7日	メジャーデビューから12年目にあたることを記念して鳥取県湯梨浜町にあるハワイアロハホールで「12周年記念コンサートツアー鳥取ハワイ公演」を開催。 真奈美の母校・鳥取短期大学が「地域社会における様々な活動を通じて、地域の発展に貢献し、本学の名誉を高めた卒業生」に贈る地域貢献賞をPaix^{2}に贈呈。
9月16日	「茨城アジア教育基金」が主催した「未来ある子どもたちに絵本を!ラオスの子ども&東日本大震災被災地支援チャリティペペコンサート」を茨城県小美玉で開催する。
10月7日	『紙の爆弾』11月号に堀江貴文との対談「塀の中のコンサート」(前編)掲載。
10月19日	大阪市の大丸心斎橋劇場で行われた「第2回関西演芸しゃべくり話芸大賞優勝決定戦」にゲスト出演。
10月29日	文化放送『福井謙二グッモニ』にめぐみが電話出演。
11月7日	『紙の爆弾』12月号に堀江貴文との対談「塀の中のコンサート」(後編)掲載。
11月9日	岡山西ふれあいセンターで開催された「妹尾観光協会設立25周年記念せのおふれあいコンサート」に出演。
11月20日	『サインズ・オブ・ザ・タイムズ』12月号(福音社)で特集が組まれる。「受刑者を励ますプリズン・コンサート――女性デュオPaix^{2}の願い」。
11月21日	「第18回早稲田矯正保護展」で堀江貴文とトークセッションを行う。
12月4日	汐留BLUE MOODにてPaix^{2}単独の「早めに来ちゃったXmas(すぺしゃる)」ライブを開催。
12月6日	帝国ホテルで行われた「チャリティーの夕べ　第48回釋尊成道会の集い」にてコンサートをバンド編成で行う。

【２０１４年】

1月10日	『朝日新聞』の「ひと」（東京・総合欄）で紹介される。「矯正施設で公演を続ける女性デュオPaix^2」。
1月24日	東京・増上寺で行われた「浄光会第25回新年総会」に出席。以後、増上寺の新年総会には２０１７年の第28回まで４年連続で出席。
2月13日	外国語放送ラジオＮＨＫワールド（WORLD）の番組『Radio Japan Focus』（ラジオジャパンフォーカス）で活動が紹介される。
3月1日	『第三文明』４月号（第三文明社）にインタビュー記事が掲載される。「受刑者の心を変えるプリズン・コンサート」。
4月1日〜	廃車のリサイクルネットワーク「廃車天国」のＣＭに出演。
5月20日	観光大使を務める長野県売木村が同村の観光アピールのために制作したＣＤ『うるぎ村の☆うるのすけ』に参加、当日ＣＤが発売される。
5月29日	東京保護観察所から、仮出所者や保護観察中の少年の立ち直りを手助けする「保護司」にと打診を受ける（後日受諾）。
6月1日	『さんまのスーパーからくりＴＶ』（ＴＢＳ）のスペシャルに堀江貴文が出演し「ホリエモンが塀の中のヤバイ話ＴＶ初告白！」の中でPaix^{2}を紹介する。
7月8日	名古屋市ウィルあいちで行われた「第64回社会を明るくする運動愛知県推進大会〜犯罪や非行を防止し、立ち直りを支える地域のチカラ〜」でトークとライブを行う。
7月12日	「全国障がい者芸術・文化祭とっとり大会〜あいサポート・アートとっとりフェスタ〜」の大会テーマ曲である『あなたと一緒に歌いたい』の歌唱がPaix^{2}に任命され披露する。

8月2日	『日本経済新聞電子版』でPaix^{2}の活動が紹介される。「被害者・受刑者家族の思い届け　塀の中に響く歌声」。
9月12日	『The Washington Post』でPaix^{2}の活動が紹介される。「Japanese female duo use music to inspire incarcerated」。
9月18日	仮出所者や保護観察中の少年の立ち直りを手助けする「保護司」の委嘱を受け拝命。同日新任保護司辞令伝達式に臨み、都内で保護司を委嘱された60人の代表として辞令を受ける。当日から東京保護観察所職員による研修が始まる。同日のメディアでPaix^{2}が保護司になったことが報じられる。『ラジオあさいちばん』（ＮＨＫラジオ第一）他、『日経ビジネスオンライン』の「記者の眼『刑務所のアイドル』が保護司になった――再犯防止の〝担い手〟がピンチ」、『産経新聞』の「きょうの人」欄他、9月20日の『毎日新聞』夕刊など。
9月20日	「全国障がい者芸術・文化祭とっとり大会〜あいサポート・アートとっとりフェスタ〜」の「特別支援学校合同文化祭」（倉吉市）で『あなたと一緒に歌いたい』を手話を交えて出演者と共にコーラス。
10月8日	札幌矯正管区などが後援する「絆メッセージ・ぺぺコンサート」札幌サンプラザホテルに出演。
10月13日	『北海道新聞』でPaix^{2}の活動が紹介される。「矯正施設を慰問・女性デュオ『ぺぺ』」。
10月15日	網走刑務所でプリズン・コンサート３５０回目公演。当日の様子が『ＮＨＫ ＮＥＷＳ ＷＥＢ』他で取り上げられる。「刑務所慰問公演３５０回ギネス世界記録申請へ」。
10月28日	ＨＢＣ北海道放送『今日ドキッ！』で３５０回目のプリズン・コンサートの様子が報道される。「歌声届けて３５０回…〝受刑者のアイドル〟網走へ」。
11月1日	ウェブマガジン『News To Move.com』で取り上げられる。「#25歌おう、罪と再生のはざまでby女性デュオPaix^2」。

11月3日	「全国障がい者芸術・文化祭とっとり大会～あいサポート・アートとっとりフェスタ～」の最終日クライマックスイベントが鳥取市のとりぎん文化会館で行われ、コンサートを行う。
11月8日	長野県岡谷市文化会館で行われた「岡谷市更生保護女性会創立60周年記念式典」でコンサートと講演を行う。
11月11日、26日	「更生保護制度施行65周年記念」の高知県大会（高知県三翠園）と近畿大会（京都コンサートホール）で講演を行う。講演名は「ほんとうの幸せとは～プリズン・コンサートを通して～」。
11月29日	大阪アムホールで、奄美シマ唄の唄者・川畑さおりとジョイントコンサート（主催・鹿砦社）。
12月24日	日経ＢＰから発売された『旗手たちのアリア社会起業家編』（日経ビジネス編）の第1章に登場。
【2015年】	
2月2日	ネット配信サイト『ねとらぼ』でインタビュー記事が配信。「刑務所アイドル『Paix^2（ぺぺ）』に聞いた『私たちが刑務所で活動を続ける理由』」。また同記事は「受刑者イジる刑務所アイドル」と改題されて同日の「Ｙａｈｏｏ！ニュース」でも配信された。
2月25日	前日24日に行われた富山刑務所でコンサートにＴＢＳ『あさチャン！』の密着取材が入り、同日の番組内で報道される。「女性デュオ〝受刑者のアイドル〟に密着」。
3月7日	長野県駒ケ根市文化会館で行われた「第51回駒ケ根市社会福祉大会」で記念コンサートを行う。
3月17日	テレポート山陰（ＢＳＳ山陰放送）が月に1度放送している『山陰のヒルメシ』に宇田川修一と一緒にゲスト出演。
4月21日	前月7日にコンサートを行った長野県駒ケ根市より同市を応援する「こまがね応援団」の委嘱依頼があり拝命。

4月22日	法務省が新たに設けた「矯正支援官」を拝命。同日、霞が関の法務省で法務省矯正支援官委嘱式があり出席する。「矯正支援官」は計11名。Paix² の他EXILEのATSUSHI、浜崎あゆみ、コロッケ、石田純一、高橋みなみ（AKB48）らが任命された（任期2年）。委嘱式の様子がTBS『Nスタ』などのメディアで報道される。
6月6日	『日経ビジネスオンライン』でネット記事「Paix² "塀の中"の歌姫　塀の中のアイドル」配信される。
6月16日	『ほっとイブニング』（NHK総合・名古屋）で364回目プリズン・コンサート（豊ヶ岡学園）の様子が放送される。
6月17日	3枚目のアルバム『しあわせ』が発売。『歌いたい』など5曲とカラオケ2曲が収録される。
6月18日	目黒雅叙園で行われた「平成27年度浄土宗保護司会創立50周年記念大会」で講演。「ほんとうのしあわせとは…」。
6月21日	国立市くにたち市民芸術小ホールで行われた「第65回国立市社会を明るくする運動」でトークとコンサート。同日、国立市長から感謝状が贈られる。
6月22日	世界三大通信社の一つ、フランスのAFP通信からPaix² の記事が配信される。「Japan's Jailhouse Rockers play to a captive audience」。
6月30日	事前収録していたラジオ番組『ドッキリ！ハッキリ！三代澤康司です』（ABCラジオ）が放送される。
7月1日、7日	鳥取県とりぎん文化会館と東京都すみだリバーサイドホールで行われた「第65回社会を明るくする運動」で講演とコンサートを行う。演題「ほんとうのしあわせとは」。
7月6日～	BS日テレ『歌謡プレミアム』の7～8月の推薦曲に『歌いたい』が選ばれ、2カ月間番組内で推薦曲となる。

7月12日	『新・平成歌謡塾』（BS朝日）に出演。
7月13日	AFP通信のニュースを日本語で配信する『AFP BB News』でPaix^{2}の活動が掲載されると共に海外へも配信される。「受刑者のアイドル『Paix^2（ぺぺ）』、音楽で再犯防止に一役」。
7月14日	NHK鳥取放送局『いちおしNEWSとっとり』の「いちおし！この人」に出演。「刑務所の歌姫に聞く」。
7月25日	観光大使を務める長野県売木村の村役場が主催した、「うるぎ星の森音楽祭」に出演。標高1200メートルの高原で歌う（うるぎ星の森音楽祭には翌年も出演）。
8月2日	NHKラジオ第一『日曜バラエティー』に生出演。
9月27日	「東京鳥取県人会　平成27年総会と懇親の集い」（都市センターホテル）でミニライブを行う。最後のフィナーレでは、同会に出席していた平井伸治鳥取県知事も一緒にPaix^{2}と手話をしながら歌う。
10月11日	お笑い芸人のようへいがパーソナリティーを務めるSTVラジオ『Yo！Hey！サンデー』にゲスト出演する。
10月12日	法務省札幌矯正管区他後援の「絆メッセージぺぺコンサート」（東京ドームホテル札幌・ピアリッジホール）に出演。
10月14日	函館市民会館で行われた「平成27年全国地域安全運動総決起大会」で「地域安全コンサート」出演。
11月11日、19日	静岡県下田市民文化会館で行われた「第62回静岡県更生保護大会」と「第44回静岡教区檀信徒大会」に講演と歌で登壇。講演名「本当のしあわせとは」。
12月4日	ABS秋田放送『ごくじょうラジオ』に出演。
12月16日	NHKラジオ第一『きらめき歌謡ライブ』公開生放送に出演。
12月21日	「平成27年度就労支援シンポジウム」（大田区民ホール・アプリコ小ホール）でトークとコンサートを行う。

【2016年】

2月14日	京都府龍谷大学響都ホール校友会館で行われた「第6回矯正・保護ネットワーク講演会」で特別講演（トーク&ライブ）。
3月16日	共同通信の英字配信サイトである『Ｋｙｏｄｏ Ｎｅｗｓ』でPaix^{2}の活動がレポートされる。同記事は18日の『The Japan Times』で再配信された。"Prison idols singing duo helping inmates get back on life's track"
3月27日	福井県みくに文化未来館で行われた「ブッディスト・フェスタinサカイ２０１６」（浄土宗福井教区坂井組檀信徒会ほか後援）でトークとコンサートを行う。
5月15日	「全腎協結成45周年兵庫県腎友会結成45周年合同記念大会」（神戸ポートピアホール）に出演しライブ。 『更生保護』5月号（日本更生保護協会）に「心のスイッチ」というタイトルのメッセージを寄稿する。
6月16日	『東京スポーツ』（東京スポーツ新聞社）に「ぺぺ刑務所慰問もうすぐ４００回」の記事掲載。
6月17日	鳥取県米子市文化ホールで結成15周年を記念した「15th Anniversary Paix^2（ぺぺ）メッセージコンサート」を開催。当日の様子が翌日昼のＮＨＫ鳥取放送局のニュースで報道される。「刑務所の歌姫15周年」。
6月18日	格闘家の前田日明による『前田日明ゼミ』（主催・鹿砦社）第6回にゲストとして出演。「受刑者のアイドルという生き方　プリズン・コンサート４００回への道」。都ホテルニューアルカイック尼崎で開催。
7月4日	地域の力で犯罪や非行を防ぐ法務省の「第66回社会を明るくする運動」（島根県益田市）に出演。刑務所での活動体験を話す。
7月15日	関西大学共通教養科目「人間の尊厳のために」（新谷英治教授企画／松岡利康担当）最終特別授業でライブ。

7月	鳥取県物産協会、鳥取県酒造組合から「歌で鳥取のお酒を盛り上げてほしい」と地酒の歌の制作を依頼される（のちに2018年7月リリースの『日本酒で乾杯！』として発表される）。
8月27日	千葉市文化センターで行われた「第66回社会を明るくする運動第24回千葉市民のつどい」で講演とコンサート。講演「ともに生きる…ほんとうの幸せとは」。
8月31日	「第12回全国浄土宗青年会全国大会inＳＥＮＤＡＩ」で講演。
10月27日	「平成28年度大阪更生保護女性のつどい」で記念講演のトーク&ライブを行う。講演名「足もとにある幸せ…」。大阪府立男女共同参画・青少年センターホールで開催。
11月5日	ＴＢＳテレビ『新・情報7ｄａｙｓニュースキャスター』たけし&安住紳一郎アナウンサーの番組で、Paix² 密着取材の様子が放送される。
11月9日	神奈川県平塚市勤労会館で行われた「平塚地区保護司会更生保護女性会合同研修会」で講演。「Prison（刑務所・少年院）コンサートを通じて学んだこと」。
11月18日	愛媛県松山市総合福祉センターで行われた「平成28年度愛媛県更生保護事業関係者顕彰式典」で歌と講演。演題「ともに生きる…ほんとうの幸せとは」。
12月7日	神戸少年鑑別所で「クリスマス会 with Paix²」を開催。少年鑑別所でPaix²がコンサートをするのは今回が初めて。鑑別所でのコンサートの様子が、当日のサンテレビ（神戸市）他で報道される。
12月8日	プリズン・コンサート４００回を目前にして『朝日新聞（夕刊）』で「塀の中、響く『命』の歌声　女性デュオ慰問公演４００回」の記事が掲載。
12月10日	千葉刑務所（千葉市）で通算４００回目のプリズン・コンサートを達成。男性受刑者５００人以上の前でオリジナル曲を中心に9曲を披露。

12月11日	『朝日新聞』（千葉版）が『女性デュオ、願いの歌４００回　節目は千葉刑務所』と載せる他、各メディアが「Paix^2」の４００回達成を報道。
12月12日	フジテレビ『ノンストップ！』で特集される。「刑務所アイドルPaix^2（ぺぺ）願いの歌４００回に込めた思い」。
12月13日	４００回目のプリズン・コンサートに因み、金田勝年法相（当時）から法務大臣感謝状が贈られ、この日贈呈式が行われる。共同通信他の複数のメディアによって、その様子が全国に報道される。
【２０１７年】	
1月24日	共同通信の「ひと」欄にPaix^{2}の記事が掲載される。「刑務所などでのコンサートが通算４００回に達したデュオ」。
1月26日	テレビ朝日『ワイド！スクランブル』で特集される。「〝塀の中〟歌い続けて16年…受刑者を更生へ…『刑務所のアイドル』の闘い」。同日の『東スポＷｅｂ』『Ｙａｈｏｏ！ニュース』でもPaix^{2}の16年間の歩みが記事になって配信される。「『刑務所のアイドル』の16年後」、「『塀の中の歌姫』16年の歩み」。
1月29日	『千葉日報』の「時の人」欄で取り上げられる。「千葉刑務所で節目の４００回　歌を通じて『幸せ』を考えて　全国の矯正施設でコンサート　女性デュオPaix^2」。
2月18日	京都女子大学で行われた「ＢＢＳ運動発足70周年近畿大会」で講演。
3月9日	仙台市青葉区で行われた「浄土宗宮城教区東日本大震災七回忌復興支援コンサート」でコンサートを行う他、司会を務める。
5月28日	鳥取県米子市でスペシャルライブを開催「Paix^2 Special Live in YONAGO」。

7月30日	京都知恩院で早朝、著名人を招いて開催される「暁天講座（第51回）」に講師として招聘される。日本最大級の法律相談ポータルサイト『弁護士ドットコム』にインタビュー記事が掲載される。「刑務所全国ツアー『Prison コンサート』17年の思い出」。
9月23日	10年前の60周年に続き、国立オリンピック記念青少年総合センターで行われた「ＢＢＳ運動発足70周年記念式典」でトーク＆コンサートを披露する。
10月1日	秋の全国地域安全運動として大阪府四條畷警察署の一日署長を委嘱される。当日大阪府四條畷警察署長から感謝状を贈られる。
10月13日	山口県宇部市で行われた「宇部保護区保護司会設立65周年特別記念講演会」で記念講演とコンサートを行う。
10月18日	法然上人の教えを広め伝える「おてつぎ運動」の推進大会「平成29年度中・四国檀信徒大会」で記念講演としてトーク＆コンサートを行う。江津市総合市民センターで開催。
10月25日	「平成29年度北海道・道北ブロック更生保護研究大会」（大雪クリスタルホール）で講演を行う。
11月5日	前年10月21日に発生した鳥取県中部地震の復興イベントとして行われた「第15回倉吉天女音楽祭」（倉吉未来中心大ホール）の第1部でコンサートを行う。「倉吉天女音楽祭」には翌年の第16回（11月18日）にも出演。
11月10日	めぐみの母校、鳥取県立鳥取中央育英高等学校の「創立１１０周年記念式典」に招かれ記念公演を行う。
11月21日	「平成29年度東京更生保護事業関係者顕彰式典」（めぐろパーシモンホール）に保護司として出席、東京都保護司会連合会会長から表彰される。

【2018年】

3月5日	爆笑問題の田中裕二が出演するTBS『オー‼マイ神様‼』で少年院の更生プログラムが取り上げられ、Paix^{2}の活動も紹介される。
4月27日～	2年前から計画されていた鳥取県の『日本酒のうた（仮）』の制作資金をクラウドファンディングで集めるプロジェクトを開始。終了日の6月5日までに目標金額の2・4倍、120万4000円が集まる。
5月8日	鳥取県の地酒を紹介する歌『日本酒で乾杯！～ふるさと鳥取 ver.～』の完成報告のため平井伸治鳥取県知事を表敬訪問&鳥取県庁で記者発表会を行う。その様子が日本海テレビ、山陰中央テレビ他の夕方のニュースで放送される。
6月4日	鳥取県米子市文化ホールで米子仏教会が行った『おもしろ仏教講演会』で「ほんとうの幸せとは」をテーマに歌と講演。
6月29日	講演会・トークショーの企画会社「Speakers.jp」が自社運営サイトで連載中の著名人インタビュー『匠』の5回目にPaix^{2}登場。「『プリズンコンサート』400回のデュオPaix^2（ぺぺ）」。
7月20日、21日、26日	全国各地で行われた「第68回社会を明るくする運動」の京都府久御山町の大会、福井市推進大会、東京都中央区の3大会に参加。各会場で歌と講演を行う。
9月30日	『日本酒で乾杯！』のリリースを記念して鳥取県倉吉市で「レコ発ライブ in kurayoshi」を開催。
10月1日	CD『日本酒で乾杯！～ふるさと鳥取 ver.～』が全国で発売となる。
10月7日	「社会福祉法人あすなろ会創立50周年記念ありがとうコンサート」が鳥取県とりぎん文化会館で開催され出演。

10月17日	総本山知恩院が行う「おてつぎ運動」の推進大会である「第19回佐賀教区檀信徒大会」が佐賀市文化会館で開催され、Paix^{2}が講演を担当する。
11月12日	Paix^{2}の主導で『∞（ムゲン）FES』を立ち上げる。第1回は、同日東京南青山MANDALAで行われた。
11月19日	大阪府羽曳野市立生活文化情報センターで行われた「羽曳野市更生保護女性会50周年記念式典」でトーク＆コンサート。
11月28日	「第68回社会を明るくする運動」に参加したことに対し、東京都推進委員会委員長・小池百合子東京都知事から感謝状が贈られる。
11月29日	「第8回ようぼく保護司研修会関東ブロック大会」（天理教日本橋大教会）でトーク＆ライブを行う。
【2019年】	
2月16日	NPO法人再非行防止サポートセンター主催の「再非行防止への実践～さらによりそい、さらにつながる～」（ウィルあいち愛知県女性総合センター）でコンサートを行う。
5月12日	週刊タブロイド新聞『Sunday世界日報』5月12日号（世界日報社）の「ひと」欄に「歌を通して更生へ後押し女性歌手デュオPaix^2」として取り上げられる。
5月24日	「第51回浄土宗寺庭婦人会中央研修会」（浄土宗宗務庁）で歌と講演。
7月9日	道央に位置し、囚人の収容施設と共に発展してきた町である北海道月形町の観光大使「月形観光典獄」の任命を受け、同日同町役場で委嘱式に臨む（～任期2022年3月まで）。
9月1日	「絶対にやり直す」という覚悟のある人とそれを応援する企業のための求人誌『Chance!!』2019年秋号（ヒューマン・コメディ）にインタビュー記事が掲載される。

10月30日	「更生保護制度施行70周年記念第25回中国地方更生保護大会」（鳥取県とりぎん文化会館）で記念講演「ともに生きる…本当の幸せとは」を行う。
11月7日	総本山知恩院が行う「おてつぎ運動」の推進大会である「浄土宗中四国地区檀信徒大会」が倉吉未来中心で開催され、$Paix^2$が講演を行う。
11月15日	「更生保護制度施行70周年記念第14回山口県更生保護研修大会」（ルネッサながと）で講演とコンサートを行う。タイトル「心のスイッチ…Prison コンサート５００回から見えたこと」。
11月28日	「更生保護制度施行70周年記念　令和元年度東京更生保護事業関係者顕彰式典」（府中の森芸術劇場）に臨み、東京保護観察所長から表彰を受ける。
12月7日	鹿砦社創業50周年の集いにてミニライブを行う（東京／スペースたんぽぽ）。
12月8日	めぐみの出身地である鳥取県琴浦町の観光大使の委嘱を受け、委嘱状が渡される。また同日、琴浦町で「Prison コンサート５００回突破を目指す鳥取県民応援コンサート～$Paix^2$（ぺぺ）トーク&ライヴ」が実施される。
12月12日	法務大臣より矯正支援官の委嘱を受ける（３期目）。 鹿砦社創業50周年の集いにてミニライブを行う（兵庫県西宮市カフェ・インティ・ライミ）。
12月18日	『5時に夢中！』（ＴＯＫＹＯ　ＭＸ）に出演。「刑務所入門特別編」と銘打たれたコーナーで生歌披露。
12月19日	２０２０年東京五輪の聖火リレー県実行委員会総会（鳥取県）で、実行委員選出のランナー51人の中の1人に真奈美が選出される。２０２０年5月22日走行予定だったがコロナウイルスの影響で中止。

【2020年】

1月1日～1月5日	TCC鳥取中央有線放送が新春特別番組として放送した『みつまち紅白歌合戦』に4組の女性歌手と共に紅組として参加、トリを取る。
1月18日	500回目のプリズン・コンサートが横浜刑務所で達成される。同日夕方、日本テレビ・フジテレビなどのニュースで報道された他、共同通信などの配信により全国の電波・ネット・新聞などでコンサートの様子が配信される。

制作協力：吉田明二子

Ⅵ プリズン・コンサート五〇〇回リスト

＊注（　）は1日に行われたコンサートの回数を示す

【2000年（平成12）】
訪問回数：1　コンサート回数：1
12月2日 鳥取刑務所（第1回）

【2001年（平成13）】
訪問回数：2　コンサート回数：2
2月17日 山口刑務所
10月27日 山口刑務所

【2002年（平成14）】
訪問回数：30　コンサート回数：30
1月12日 鳥取刑務所
3月16日 黒羽刑務所
4月13日 新潟刑務所
20日 松江刑務所
27日 宮崎刑務所
5月6日 松本少年刑務所
11日 盛岡少年刑務所
18日 水戸刑務所
6月1日 岡山刑務所
8日 麓刑務所
9日 北九州医療刑務所
13日 大分少年院
15日 大分刑務所
22日 函館少年刑務所
29日 甲府刑務所
7月6日 神戸刑務所
9月6日 筑紫少女苑
7日 佐世保刑務所
26日 置賜学院
27日 青森少年院
28日 秋田刑務所

10月5日 富山刑務所
12日 姫路少年刑務所
19日 山口刑務所
20日 佐賀少年刑務所
26日 鹿児島刑務所
11月2日 東京拘置所
9日 月形刑務所
10日 旭川刑務所
16日 滋賀刑務所

【2003年（平成15）】
訪問回数：41　コンサート回数：42
1月5日 松本少年刑務所
18日 川越少年刑務所
25日 鳥取刑務所
2月8日 静岡刑務所
13日 中津少年学院
14日 大分少年院
15日 大分刑務所
3月1日 名古屋刑務所
2日 三重刑務所
3月8日 福井刑務所
15日 千葉刑務所
4月19日 市原刑務所
5月3日 北九州医療刑務所
7日 美保学園
10日 松山刑務所
24日 黒羽刑務所
6月7日 湖南学院
11日 岡山少年院
6月14日 岩国刑務所
7月4日 佐世保刑務所
5日 麓刑務所
12日 鹿児島刑務所
7月20日 大井造船作業場　友愛寮
9月5日 貴船原少女苑
5日 広島少年院
6日 広島刑務所
7日 姫路少年刑務所
13日 水戸刑務所
20日 秋田刑務所
23日 笠松刑務所
10月4日 川越少年刑務所
11日 富山刑務所
18日 福島刑務所
25日 山形刑務所

26日 青森刑務所
11月9日 大井造船作業場　友愛寮
29日 長崎刑務所
30日 大分刑務所（2回）
12月1日 大分少年院
6日 甲府刑務所
7日 岡崎医療刑務所

【2004年（平成16）】
訪問回数：33　コンサート回数：38
2月6日 丸亀少女の家
7日 高松刑務所
11日 福井刑務所
14日 東京拘置所
21日 札幌刑務所
21日 札幌拘置支所
3月20日 鳥取刑務所
21日 高知刑務所（2回）
4月17日 大阪刑務所（3回）
5月5日 松本少年刑務所
8日 黒羽刑務所
29日 徳島刑務所

6月5日 福岡刑務所（2回）
12日 佐賀少年刑務所
19日 神戸刑務所（2回）
7月17日 鹿児島刑務所
18日 小倉拘置支所
19日 大分刑務所
9月9日 福岡少年院
11日 山口刑務所
12日 福岡拘置所
18日 前橋刑務所
24日 喜連川少年院
10月16日 三重刑務所
22日 四国少年院
30日 富山刑務所
11月5日 松山学園
6日 松山刑務所（第100回）
11月7日 大井造船作業場 友愛寮
13日 福島刑務所
20日 千葉刑務所
27日 水戸刑務所
12月4日 岡崎医療刑務所

【2005年（平成17）】

訪問回数：30　コンサート回数：39

1月22日　東京拘置所
2月26日　静岡刑務所（2回）
3月11日　岐阜刑務所
　12日　山口刑務所
　17日　丸亀少女の家
　19日　高知刑務所（2回）
　26日　加古川刑務所
4月16日　黒羽刑務所
5月14日　甲府刑務所
　24日　小倉拘置支所
　25日　福岡刑務所（2回）
　27日　横須賀刑務支所
6月8日　金沢刑務所
　10日　大阪刑務所（3回）
　11日　神戸刑務所（2回）
　18日　帯広刑務所
　19日　釧路刑務支所
　20日　網走刑務所
7月8日　熊本刑務所（2回）
　9日　鹿児島刑務所
8月19日　広島少年院
　23日　豊ヶ丘学園
9月10日　名古屋拘置所
10月8日　京都刑務所（2回）
　26日　富山刑務所（2回）
　27日　福岡拘置所
　28日　佐賀少年刑務所
11月15日　盛岡少年院
　16日　盛岡少年刑務所
　17日　東北少年院

【2006年（平成18）】

訪問回数：37　コンサート回数：43

1月22日　長野刑務所
2月4日　東京拘置所
　10日　松山刑務所
　10日　西条刑務支所
　11日　大井造船作業場　友愛寮
　18日　鳥取刑務所
　25日　岡山刑務所
3月14日　加古川学園
　14日　播磨学園
　15日　加古川刑務所
　18日　黒羽刑務所

5月12日 佐世保刑務所
17日 笠松刑務所
20日 前橋刑務所
26日 横須賀刑務支所
6月3日 岡崎医療刑務所
7日 滋賀刑務所（2回）
9日 名古屋刑務所（2回）
10日 水戸刑務所
7月27日 豊ヶ丘学園
29日 鹿児島刑務所
30日 大分刑務所
8月10日 赤城少年院
24日 瀬戸少年院
9月5日 佐賀少年刑務所
6日 麓刑務所
10月6日 帯広刑務所
7日 月形刑務所
7日 月形学園
10日 北海少年院
12日 帯広少年院
14日 山形刑務所
11月8日 金沢刑務所（2回）
10日 大阪刑務所（3回）
25日 福井刑務所
26日 富山刑務所（2回）
12月8日 甲府刑務所

【2007年（平成19）】
訪問回数：42　コンサート回数：43
1月8日 姫路少年刑務所
10日 大阪医療刑務所
12日 和歌山刑務所
15日 加古川学園
15日 播磨学園
17日 小倉拘置支所
2月16日 高松刑務所
24日 東京拘置所
3月7日 加古川刑務所
9日 栃木刑務所
10日 宮城刑務所
17日 黒羽刑務所
4月10日 中津少年学院
12日 宮崎刑務所
5月2日 喜連川少年院
3日 茨城農芸学院
4日 新潟少年学院

6日 神奈川医療少年院
9日 多摩少年院
14日 愛光女子学園
15日 小田原少年院
19日 奈良少年刑務所
20日 浪速少年院
21日 奈良少年院
22日 宇治少年院
6月8日 八王子医療刑務所
16日 千葉刑務所（第200回）
7月7日 山口刑務所
11日 広島少年院
13日 滋賀刑務所（2回）
8月22日 瀬戸少年院
24日 長野刑務所
9月12日 岡崎医療刑務所
19日 横浜刑務所
21日 甲府刑務所
26日 函館少年刑務所
28日 月形学園
10月10日 新潟刑務所
27日 市原刑務所
11月24日 水戸刑務所
28日 富山刑務所
12月5日 沖縄刑務所

【2008年（平成20）】

訪問回数：20　コンサート回数：23

1月16日 松江刑務所
19日 鳥取刑務所
2月23日 東京拘置所
3月15日 黒羽刑務所（2回）
19日 播磨社会復帰促進センター
20日 加古川刑務所
22日 静岡刑務所（2回）
5月20日 八街少年院
6月12日 大阪医療刑務所
14日 京都刑務所（2回）
24日 宮川医療少年院
25日 岡崎医療刑務所
7月12日 名古屋拘置所
8月21日 瀬戸少年院
10月15日 福島刑務所
15日 福島刑務支所
24日 徳島刑務所
11月19日 和泉学園

22日 栃木刑務所
12月2日 神戸拘置所

【2009年（平成21）】
訪問回数：13 コンサート回数：14
2月7日 京都拘置所
28日 東京拘置所
3月7日 黒羽刑務所（2回）
13日 鳥取刑務所
14日 加古川刑務所
19日 美保学園
5月16日 喜連川社会復帰促進センター
7月4日 鹿児島刑務所
10月2日 旭川刑務所
3日 月形刑務所
5日 札幌刑務支所
25日 島根あさひ社会復帰促進センター
12月12日 岩国刑務所

【2010年（平成22）】
訪問回数：16 コンサート回数：17
2月11日 栃木刑務所
13日 山形刑務所

3月3日 岡崎医療刑務所
6日 東京拘置所
6月5日 笠松刑務所
7月3日 黒羽刑務所
4日 喜連川社会復帰促進センター
8月19日 八街少年院
9月22日 富山刑務所
10月3日 豊橋刑務支所
13日 茨城農芸学院
15日 尾道刑務支所
27日 京都医療少年院
30日 水戸刑務所
11月13日 京都刑務所（2回）
21日 鳥取刑務所

【2011年（平成23）】
訪問回数：33 コンサート回数：33
1月28日 四国少年院
29日 高知刑務所
30日 岡山刑務所
2月9日 北九州医療刑務所
10日 小倉拘置支所
12日 麓刑務所

19日 東京拘置所
3月1日 広島少年院
5日 鹿児島刑務所
5月27日 奈良少年院
28日 大阪刑務所
6月5日 美祢社会復帰促進センター（女性）
5日 美祢社会復帰促進センター（男性）
10日 大分刑務所
11日 熊本刑務所
14日 北海少年院
14日 紫明女子学院
16日 帯広刑務所
17日 釧路刑務支所
18日 網走刑務所
20日 月形刑務所
21日 旭川刑務所
24日 札幌刑務所
25日 函館少年刑務所
9月3日 松江刑務所
10月5日 広島刑務所
8日 佐賀少年刑務所
15日 盛岡少年刑務所
11月5日 川越少年刑務所
9日 金沢刑務所
11月26日 福島刑務所
12月2日 東北少年院
3日 宮城刑務所

【2012年（平成24）】
訪問回数：19　コンサート回数：21
1月13日 岐阜刑務所
14日 三重刑務所（第300回）
21日 神戸刑務所（2回）
25日 横浜刑務所
2月10日 長野刑務所
18日 松本少年刑務所
25日 東京拘置所
6月2日 神戸拘置所
6日 八王子医療刑務所
13日 奈良少年刑務所
9月5日 東北少年院
6日 盛岡少年院
12日 市原学園
10月27日 滋賀刑務所
11月9日 名古屋刑務所（2回）
17日 前橋刑務所

12月1日 甲府刑務所
12日 宮崎刑務所
14日 佐世保刑務所

【2013年（平成25）】
訪問回数：17　コンサート回数：17
1月10日 立川拘置所
25日 山口刑務所
26日 美祢社会復帰促進センター（女性）
26日 美祢社会復帰促進センター（男性）
2月6日 高知刑務所
8日 加古川刑務所（男性）
8日 加古川刑務所（女性）
23日 東京拘置所
3月2日 黒羽刑務所
5月8日 岡山少年院
10日 松江刑務所
8月30日 駿府学園
9月4日 京都拘置所
10月6日 広島刑務所
20日 大阪刑務所
11月8日 広島少年院
15日 鳥取刑務所

【2014年（平成26）】
訪問回数：24　コンサート回数：24
2月22日 東京拘置所
3月26日 福井刑務所
5月10日 鹿児島刑務所
12日 人吉農芸学院
13日 広島拘置所
14日 丸亀少女の家
24日 黒羽刑務所
8月22日 榛名女子学園
9月19日 姫路少年刑務所
10月9日 帯広刑務所
10日 月形学園
11日 札幌刑務所
13日 紫明女子学院
13日 北海少年院
14日 帯広少年院
15日 網走刑務所
11月12日 三重刑務所
14日 千葉刑務所
12月1日 麓刑務所
2日 佐賀少年刑務所
3日 熊本刑務所

5日 山口刑務所
6日 美保学園
27日 喜連川少年院

【2015年（平成27）】
訪問回数：25　コンサート回数：26
1月24日 府中刑務所（2回）
2月24日 富山刑務所
28日 東京拘置所
5月16日 黒羽刑務所
6月12日 京都刑務所
16日 豊ヶ岡学園
27日 鳥取刑務所
8月8日 帯広刑務所
27日 加古川学園&播磨学園
28日 和泉学園&泉南学寮
9月2日 交野女子学院
10月2日 長野刑務所
4日 駿府学園
7日 青森刑務所
9日 函館少年刑務所
16日 札幌刑務支所
17日 紫明女子学院
19日 旭川刑務所
11月7日 水戸刑務所
13日 岐阜刑務所
25日 大阪拘置所
26日 浪速少年院
12月5日 秋田刑務所
7日 神奈川医療少年院
18日 市原学園

【2016年（平成28）】
訪問回数：17　コンサート回数：18
1月23日 府中刑務所（2回）
27日 横浜刑務所
2月12日 滋賀刑務所
13日 京都医療少年院
3月29日 新潟少年学院
5月21日 黒羽刑務所
25日 京都拘置所
6月15日 美保学園
29日 広島少年院
7月6日 広島刑務所
9月2日 宮城刑務所
9月30日 長野刑務所

10月13日 帯広少年院
15日 札幌刑務所
11月17日 四国少年院
19日 松山刑務所
12月10日 千葉刑務所（第400回）

【2017年（平成29）】
訪問回数：11 コンサート回数：11
2月11日 東京拘置所
22日 奈良少年刑務所
5月27日 松江刑務所
6月3日 黒羽刑務所
7月6日 名古屋拘置所
21日 佐世保刑務所
10月14日 美祢社会復帰促進センター（女性）
14日 美祢社会復帰促進センター（男性）
26日 旭川刑務所
27日 月形刑務所
28日 月形学園

【2018年（平成30）】
訪問回数：23 コンサート回数：23
5月19日 鳥取刑務所

6月6日 高知刑務所
7日 広島少年院
12日 東北少年院
12日 青葉女子学園
30日 黒羽刑務所
7月31日 笠松刑務所
8月23日 丸亀少女の家
10月6日 札幌刑務所
10日 月形学園
11日 北海少年院
11日 紫明女子学院
13日 函館少年刑務所
18日 佐世保学園
19日 筑紫少女苑
11月2日 川越少年刑務所
14日 福井刑務所
20日 宮川医療少年院
21日 三重刑務所
22日 名古屋拘置所
23日 長野刑務所
28日 多摩少年院
12月15日 東京拘置所

【2019年（平成31／令和元年）】
訪問回数：34 コンサート回数：34
1月19日 札幌刑務支所
3月22日 前橋刑務所
5月10日 鹿児島刑務所
15日 徳島刑務所
17日 高松刑務所
20日 岡山少年院
22日 静岡刑務所
6月8日 新潟刑務所
12日 松山学園
14日 松山刑務所
19日 水府学院
21日 栃木刑務所
22日 黒羽刑務所
7月3日 盛岡少年刑務所
5日 旭川刑務所
20日 福島刑務所
8月9日 福岡少年院
13日 大分少年院
16日 大分刑務所
22日 茨城農芸学院
9月5日 帯広少年院
7日 月形刑務所
10月2日 佐世保学園
4日 人吉農芸学院
11日 岡崎医療刑務所
11月8日 岩国刑務所
11日 筑紫少女苑
16日 長崎刑務所
17日 島根あさひ社会復帰促進センター
20日 市原学園
22日 山形刑務所
12月5日 東北少年院
12日 名古屋拘置所
14日 和歌山刑務所

【2020年（令和2）】
訪問回数：1 コンサート回数：1
1月18日 横浜刑務所（第500回）

（2020年1月18日現在）
制作協力：吉田明二子

Ⅶ プリズン・コンサートに行った矯正施設一覧（刑務所・少年院等）

全国刑事施設（刑務所、少年刑務所、拘置所）

＊拘置所はコンサートを実施した施設のみを記した。

（2020年1月18日現在）

施設名	〒	所在地	コンサート開催日
北海道			
札幌刑務所	007-8601	北海道札幌市東区東苗穂２条1-5-1	2004/02/21, 2011/06/24, 2014/10/11, 2016/10/15, 2018/10/6
札幌刑務支所	007-8603	北海道札幌市東区東苗穂２条1-5-2	2009/10/05, 2015/10/16, 2019/01/19
札幌拘置支所	007-8602	北海道札幌市東区東苗穂２条1-1-1	2004/02/21
旭川刑務所	071-8153	北海道旭川市東鷹栖３線20-620	2002/11/10, 2009/10/02, 2011/06/21, 2015/10/19, 2017/10/26, 2019/07/05
帯広刑務所	089-1192	北海道帯広市別府町南13-33	2005/06/18, 2006/10/06, 2011/06/16, 2014/10/09, 2015/08/08

釧路刑務支所	085-0833	北海道釧路市宮本 2-2-5	2005/06/19，2011/06/17
網走刑務所	093-0088	北海道網走市三眺	2005/06/20，2011/06/18，2014/10/15
月形刑務所	061-0595	北海道樺戸郡月形町 1011	2002/11/09，2006/10/07，2009/10/03，2011/06/20，2017/10/27，2019/09/07
函館少年刑務所	042-8639	北海道函館市金堀町 6-11	2002/06/22，2007/09/26，2011/06/25，2015/10/09，2018/10/13
東　北			
青森刑務所	030-0111	青森県青森市大字荒川字藤戸 88	2003/10/26，2015/10/07
盛岡少年刑務所	020-0102	岩手県盛岡市上田字松屋敷 11-11	2002/05/11，2005/11/16，2011/10/15，2019/07/03
宮城刑務所	984-8523	宮城県仙台市若林区古城 2-3-1	2007/03/10，2011/12/03，2016/09/02
秋田刑務所	010-0948	秋田県秋田市川尻新川町 1-1	2002/09/28，2003/09/20，2015/12/05
山形刑務所	990-2162	山形県山形市あけぼの 2-1-1	2003/10/25，2006/10/14，2010/02/13，2019/11/22
福島刑務所	960-8254	福島県福島市南沢又字上原 1	2003/10/18，2004/11/13，2008/10/15，2011/11/26，2019/07/20
福島刑務支所	960-8536	福島県福島市南沢又字水門下 66	2008/10/15
関　東			
水戸刑務所	312-0033	茨城県ひたちなか市市毛 847	2002/05/18，2003/09/13，2004/11/27，2006/06/10，2007/11/24，2010/10/30，2015/11/07

施設名	〒	所在地	コンサート開催日
栃木刑務所	328-8550	栃木県栃木市惣社町 2484	2007/03/09, 2008/11/22, 2010/02/11, 2019/06/21
黒羽刑務所	324-0293	栃木県大田原市寒井 1466-2	2002/03/16, 2003/05/24, 2004/05/08, 2005/04/16, 2006/03/18, 2007/03/17, 2008/03/15 (2回), 2009/03/07 (2回), 2010/07/03, 2013/03/02, 2014/05/24, 2015/05/16, 2016/05/21, 2017/06/03, 2018/06/30, 2019/06/22
喜連川社会復帰促進センター	329-1493	栃木県さくら市喜連川 5547	2009/05/16, 2010/07/04
前橋刑務所	371-0805	群馬県前橋市南町 1-23-7	2004/09/18, 2006/05/20, 2012/11/17, 2019/03/22
川越少年刑務所	350-1162	埼玉県川越市南大塚 6-40-1	2003/01/18, 2003/10/04, 2011/11/05, 2018/11/02
千葉刑務所	264-8585	千葉県千葉市若葉区貝塚町 192	2003/03/15, 2004/11/20, 2007/06/16, 2014/11/14, 2016/12/10
市原刑務所	290-0204	千葉県市原市磯ケ谷 11-1	2003/04/19, 2007/10/27
東京拘置所	124-8565	東京都葛飾区小菅 1-35-1	2002/11/02, 2004/02/14, 2005/01/22, 2006/02/04, 2007/02/24, 2008/02/23, 2009/02/28, 2010/03/06, 2011/02/19, 2012/02/25, 2013/02/23, 2014/02/22, 2015/02/28, 2017/02/11, 2018/12/15
府中刑務所	183-8523	東京都府中市晴見町 4-10	2015/01/24 (2回), 2016/01/23 (2回)
立川拘置所	190-8552	東京都立川市泉町 1156-11	2013/01/10
八王子医療刑務所	192-0904	東京都八王子市子安町 3-26-1	2007/06/08, 2012/06/06 ＊2018年1月閉鎖され、東日本成人矯正医療センターへ改組。
東日本成人矯正医療センター	196-0035	東京都昭島市もくせいの杜2丁目 1-9	

横浜刑務所	233-8501	神奈川県横浜市 港南区港南 4-2-2	2007/09/19, 2012/01/25, 2016/01/27, 2020/01/18
横須賀刑務支所	239-0826	神奈川県横須賀市 長瀬 3-12-3	2005/05/27, 2006/05/26
中　部			
新潟刑務所	950-8721	新潟県新潟市江南区 山二ツ 381-4	2002/04/13, 2007/10/10, 2019/06/08
富山刑務所	939-8251	富山県富山市西荒屋 285-1	2002/10/05, 2003/10/11, 2004/10/30, 2005/10/26（2回）, 2006/11/26（2回）, 2007/11/28, 2010/09/22, 2015/02/24
金沢刑務所	920-1182	石川県金沢市 田上町公 1	2005/06/08, 2006/11/08（2回）, 2011/11/09
福井刑務所	918-8101	福井県福井市 一本木町 52	2003/03/08, 2004/02/11, 2006/11/25, 2014/03/26, 2018/11/14
甲府刑務所	400-0056	山梨県甲府市 堀之内町 500	2002/06/29, 2003/12/06, 2005/05/14, 2006/12/08, 2007/09/21, 2012/12/01
長野刑務所	382-8633	長野県須坂市馬場町 1200	2006/01/22, 2007/08/24, 2012/02/10, 2015/10/02, 2016/09/30, 2018/11/23
松本少年刑務所	390-0871	長野県松本市桐 3-9-4	2002/05/06, 2003/01/05, 2004/05/05, 2012/02/18
岐阜刑務所	501-1183	岐阜県岐阜市則松 1-34-1	2005/03/11, 2012/01/13, 2015/11/13
笠松刑務所	501-6095	岐阜県羽島郡笠松町 中川町 23	2003/09/23, 2006/05/17, 2010/06/05, 2018/07/31
静岡刑務所	420-0801	静岡県静岡市葵区 東千代田 3-1-1	2003/02/08, 2005/02/26（2回）, 2008/03/22（2回）, 2019/05/22

施設名	〒	所在地	コンサート開催日
岡崎医療刑務所	444-0823	愛知県岡崎市上地4-24-16	2003/12/07，2004/12/04，2006/06/03，2007/09/12，2008/06/25，2010/03/03，2019/10/11
名古屋刑務所	470-0208	愛知県みよし市ひばりヶ丘 1-1	2003/03/01，2006/06/09（2回），2012/11/09（2回）
豊橋刑務支所	440-0801	愛知県豊橋市今橋町15	2010/10/03
名古屋拘置所	461-8586	愛知県名古屋市東区白壁 1-1	2005/09/10，2008/07/12，2017/07/06，2018/11/22，2019/12/12
近　畿			
三重刑務所	514-0837	三重県津市修成町16-1	2003/03/02，2004/10/16，2012/01/14，2014/11/12，2018/11/21
滋賀刑務所	520-8666	滋賀県大津市大平1-1-1	2002/11/16，2006/06/07（2回），2007/07/13（2回），2012/10/27，2016/02/12
京都刑務所	607-8144	京都府京都市山科区東野井ノ上町 20	2005/10/08（2回），2008/06/14（2回），2010/11/13（2回），2015/06/12
京都拘置所	612-8418	京都府京都市伏見区竹田向代町 138	2009/02/07，2013/09/04，2016/05/25
大阪刑務所	590-0014	大阪府堺市堺区田出井町 6-1	2004/04/17（3回），2005/06/10（3回），2006/11/10（3回），2011/05/28，2013/10/20
大阪医療刑務所	590-0014	大阪府堺市堺区田出井町 8-80	2007/01/10，2008/06/12
大阪拘置所	534-8585	大阪府大阪市都島区友渕町 1-2-5	2015/11/25
神戸刑務所	674-0061	兵庫県明石市大久保町森田 120	2002/07/06，2004/06/19（2回），2005/06/11（2回），2012/01/21（2回）

加古川刑務所	675-0061	兵庫県加古川市加古川町大野 1530	2005/03/26, 2006/03/15, 2007/03/07, 2008/03/20, 2009/03/14, 2013/02/08（男性）, 2013/02/08（女性）
播磨社会復帰促進センター	675-1297	兵庫県加古川市八幡町宗佐 544	2008/03/19
姫路少年刑務所	670-0028	兵庫県姫路市岩端町 438	2002/10/12, 2003/09/07, 2007/01/08, 2014/09/19
神戸拘置所	651-1124	兵庫県神戸市北区ひよどり北町 2-1	2008/12/02, 2012/06/02
奈良少年刑務所（2017 年 3 月閉鎖）	630-8102	奈良県奈良市般若寺町 18	2007/05/19, 2012/06/13, 2017/02/22
和歌山刑務所	640-8507	和歌山県和歌山市加納 383	2007/01/12, 2019/12/14
中　国			
鳥取刑務所	680-1192	鳥取県鳥取市下味野 719	2000/12/02, 2002/01/12, 2003/01/25, 2004/03/20, 2006/02/18, 2008/01/19, 2009/03/13, 2010/11/21, 2013/11/15, 2015/06/27, 2018/05/19
松江刑務所	690-8554	島根県松江市西川津町 67	2002/04/20, 2008/01/16, 2011/09/03, 2013/05/10, 2017/05/27
島根あさひ社会復帰促進センター	697-0492	島根県浜田市旭町丸原 380-15	2009/10/25, 2019/11/17
岡山刑務所	701-2141	岡山県岡山市北区牟佐 765	2002/06/01, 2006/02/25, 2011/01/30
広島刑務所	730-8651	広島県広島市中区吉島町 13-114	2003/09/06, 2011/10/05, 2013/10/06, 2016/07/06
尾道刑務支所	722-0041	広島県尾道市防地町 23-2	2010/10/15

施設名	〒	所在地	コンサート開催日
広島拘置所	730-0012	広島県広島市中区上八丁堀 2-6	2014/05/13
山口刑務所	753-8525	山口県山口市松美町 3-75	2001/02/17, 2001/10/27, 2002/10/19, 2004/09/11, 2005/03/12, 2007/07/07, 2013/01/25, 2014/12/05
岩国刑務所	741-0061	山口県岩国市錦見 6-11-29	2003/06/14, 2009/12/12, 2019/11/08
美祢社会復帰促進センター	750-0693	山口県美祢市豊田前町麻生下 10	2011/06/05（女性）, 2011/06/05（男性）, 2013/01/26（女性）, 2013/01/26（男性）, 2017/10/14 （女性）, 2017/10/14（男性）
四　国			
徳島刑務所	779-3133	徳島県徳島市入田町大久 200-1	2004/05/29, 2008/10/24, 2019/05/15
高松刑務所	760-0067	香川県高松市松福町 2-16-63	2004/02/07, 2007/02/16, 2019/05/17
松山刑務所	791-0293	愛媛県東温市見奈良 1243-2	2003/05/10, 2004/11/06, 2006/02/10, 2016/11/19, 2019/06/14
＊大井造船作業場 友愛寮	799-2203	愛媛県今治市大西町新町甲 945	2003/07/20, 2003/11/09, 2004/11/07, 2006/02/11
西条刑務支所	793-0001	愛媛県西条市玉津 1-2	2006/02/10
高知刑務所	781-5101	高知県高知市布師田 3604-1	2004/03/21（2回）, 2005/03/19（2回）, 2011/01/29, 2013/02/06, 2018/06/06
九　州			
北九州医療刑務所	802-0837	福岡県北九州市小倉南区葉山町 1-1-1	2002/06/09, 2003/05/03, 2011/02/09

＊大井造船作業場（友愛寮）は松山刑務所の一施設である。

福岡刑務所	811-2126	福岡県糟屋郡宇美町障子岳南 6-1-1	2004/06/05（2回），2005/05/25（2回）
福岡拘置所	814-8503	福岡県福岡市早良区百道 2-16-10	2004/09/12，2005/10/27
小倉拘置支所	802-8529	福岡県北九州市小倉南区葉山町 1-1-8	2004/07/18，2005/05/24，2007/01/17，2011/02/10
麓刑務所	841-0084	佐賀県鳥栖市山浦町 2635	2002/06/08，2003/07/05，2006/09/06，2011/02/12，2014/12/01
佐賀少年刑務所	840-0856	佐賀県佐賀市新生町 2-1	2002/10/20，2004/06/12，2005/10/28，2006/09/05，2011/10/08，2014/12/02
佐世保刑務所（2019年3月閉鎖）	859-3225	長崎県佐世保市浦川内町 1	2002/09/07，2003/07/04，2006/05/12，2012/12/14，2017/07/21
長崎刑務所	854-8650	長崎県諫早市小川町 1650	2003/11/29，2019/11/16
熊本刑務所	862-0970	熊本県熊本市中央区渡鹿 7-12-1	2005/07/08（2回），2011/06/11，2014/12/03
大分刑務所	870-8588	大分県大分市畑中 303	2002/06/15，2003/02/15，2003/11/30（2回），2004/07/19，2006/07/30，2011/06/10，2019/08/16
宮崎刑務所	880-2293	宮崎県宮崎市大字糸原 4623	2002/04/27，2007/04/12，2012/12/12
鹿児島刑務所	899-6193	鹿児島県姶良郡湧水町中津川 1733	2002/10/26，2003/07/12，2004/07/17，2005/07/09，2006/07/29，2009/07/04，2011/03/05，2014/05/10，2019/05/10
沖縄刑務所	901-1514	沖縄県南城市知念字具志堅 330	2007/12/05

全国刑事施設（少年院）

（2020 年 1 月 18 日現在）

施設名	〒	所在地	コンサート開催日
北海道			
帯広少年院	080-0846	北海道帯広市緑ヶ丘 3-2	2006/10/12, 2014/10/14, 2016/10/13, 2019/09/05
北海少年院	066-0066	北海道千歳市大和 4-746-10	2006/10/10, 2011/06/14, 2014/10/13, 2018/10/11
紫明女子学院	066-0066	北海道千歳市大和 4-662-2	2011/06/14, 2014/10/13, 2015/10/17, 2018/10/11
月形学園	061-0516	北海道樺戸郡月形町字知来乙 264-1	2006/10/07, 2007/09/28, 2014/10/10, 2017/10/28, 2018/10/10
東　北			
青森少年院（2013 年 3 月閉鎖）	039-3313	青森県東津軽郡平内町沼館尻	2002/09/27
盛岡少年院	020-0121	岩手県盛岡市月が丘 2-15-1	2005/11/15, 2012/09/06
東北少年院	984-0825	宮城県仙台市若林区古城 3-21-1	2005/11/17, 2011/12/02, 2012/09/05, 2018/06/12, 2019/12/05
青葉女子学園	984-0825	宮城県仙台市若林区古城 3-24-1	2018/06/12

置賜学院 （2018年3月閉鎖）	992-0111	山形県米沢市下新田 445	2002/09/26
関　東			
茨城農芸学院	300-1288	茨城県牛久市久野町 1722-1	2007/05/03, 2010/10/13, 2019/08/22
水府学院	311-3104	茨城県東茨城郡 茨城町駒渡 1084-1	2019/06/19
喜連川少年院	329-1412	栃木県さくら市 喜連川 3475-1	2004/09/24, 2007/05/02, 2014/12/27
赤城少年院	371-0222	群馬県前橋市 上大屋町 60	2006/08/10
榛名女子学園	370-3503	群馬県北群馬郡 榛東村新井 1027-1	2014/08/22
市原学園	290-0204	千葉県市原市磯ケ谷 157-1	2012/09/12, 2015/12/18, 2019/11/20
八街少年院	289-1123	千葉県八街市滝台 1766	2008/05/20, 2010/08/19
多摩少年院	193-0932	東京都八王子市緑町 670	2007/05/09, 2018/11/28
東日本少年矯正医療・教育センター	196-0035	東京都昭島市 もくせいの杜 2-1-3	
愛光女子学園	201-0001	東京都狛江市西野川 3-14-26	2007/05/14
神奈川医療少年院 （2019年3月閉鎖）	252-0205	神奈川県相模原市 中央区小山 4-4-5	2007/05/06, 2015/12/07

施設名	〒	所在地	コンサート開催日
久里浜少年院	239-0826	神奈川県横須賀市長瀬 3-12-1	
小田原少年院（2019 年 3 月閉鎖）	250-0001	神奈川県小田原市扇町 1-4-6	2007/05/15
中　部			
新潟少年学院	940-0828	新潟県長岡市御山町 117-13	2007/05/04，2016/03/29
湖南学院	920-1146	石川県金沢市上中町ロ 11-1	2003/06/07
有明高原寮	399-8301	長野県安曇野市穂高有明 7299	
駿府学園	421-2118	静岡県静岡市葵区内牧 118	2013/08/30，2015/10/04
瀬戸少年院	489-0988	愛知県瀬戸市東山町 14	2006/08/24，2007/08/22，2008/08/21
愛知少年院	470-0343	愛知県豊田市浄水町原山 1	
豊ケ岡学園	470-1153	愛知県豊明市前後町三ツ谷 1293	2005/08/23，2006/07/27，2015/06/16
近　畿			
宮川医療少年院	519-0504	三重県伊勢市小俣町宮前 25	2008/06/24，2018/11/20
京都医療少年院	611-0002	京都府宇治市木幡平尾 4	2010/10/27，2016/02/13

宇治少年院 （2008 年 3 月閉鎖）	611-0011	京都府宇治市五ケ庄 三番割	2007/05/22
浪速少年院	567-0071	大阪府茨木市 郡山 1-10-17	2007/05/20，2015/11/26
交野女子学院	576-0053	大阪府交野市 郡津 2-45-1	2015/09/02
和泉学園	599-0231	大阪府阪南市 貝掛 1096	2008/11/19，2015/08/28
泉南学寮	599-0231	大阪府阪南市 貝掛 1096	2015/08/28
加古川学園	675-1201	兵庫県加古川市 八幡町宗佐 544	2006/03/14，2007/01/15，2015/08/27
播磨学園	675-1201	兵庫県加古川市 八幡町宗佐 544	2006/03/14，2007/01/15，2015/08/27
奈良少年院	631-0811	奈良県奈良市秋篠町 1122	2007/05/21，2011/05/27
中　国			
美保学園	683-0101	鳥取県米子市 大篠津町 4557	2003/05/07，2009/03/19，2014/12/06，2016/06/15
岡山少年院	701-0206	岡山県岡山市南区 箕島 2497	2003/06/11，2013/05/08，2019/05/20
広島少年院	739-0151	広島県東広島市 八本松町原 11174-31	2003/09/05，2005/08/19，2007/07/11，2011/03/01，2013/11/08，2016/06/29，2018/06/07
貴船原少女苑	739-0151	広島県東広島市 八本松町原 6088	2003/09/05

施設名	〒	所在地	コンサート開催日
四　国			
丸亀少女の家	763-0054	香川県丸亀市中津町28	2004/02/06，2005/03/17，2014/05/14，2018/08/23
四国少年院	765-0004	香川県善通寺市善通寺町 2020	2004/10/22，2011/01/28，2016/11/17
松山学園	791-8069	愛媛県松山市吉野町 3803	2004/11/05，2019/06/12
九　州			
筑紫少女苑	811-0204	福岡県福岡市東区大字奈多 1302-105	2002/09/06，2018/10/19，2019/11/11
福岡少年院	811-1346	福岡県福岡市南区老司 4-20-1	2004/09/09，2019/08/09
佐世保学園	857-1161	長崎県佐世保市大塔町 1279	2018/10/18，2019/10/02
人吉農芸学院	868-0301	熊本県球磨郡錦町木上北 223-1	2014/05/12，2019/10/04
中津少年学院	871-0152	大分県中津市加来 1205	2003/02/13，2007/04/10
大分少年院	879-7111	大分県豊後大野市三重町赤嶺 2721	2002/06/13，2003/02/14，2003/12/01，2019/08/13
沖縄少年院	901-0331	沖縄県糸満市字真栄平 1300	
沖縄女子学園	901-0331	沖縄県糸満市字真栄平 1300	

都道府県別プリズン・コンサート開催数一覧

（2020 年 1 月 18 日現在）

地域	都道府県	刑務所	少年院	合計回数
北海道		36	17	53
	小計	36	17	53
東　北	青森	2	1	3
	岩手	4	2	6
	宮城	3	6	9
	秋田	3		3
	山形	4	1	5
	福島	6		6
	小計	22	10	32
関　東	茨城	7	4	11
	栃木	24	3	27
	群馬	4	2	6
	埼玉	4		4
	千葉	7	5	12
	東京	22	3	25
	神奈川	6	3	9
	小計	74	20	94
中　部	新潟	3	2	5
	富山	10		10
	石川	4	1	5
	福井	5		5
	山梨	6		6
	長野	10		10
	岐阜	7		7
	静岡	6	2	8
	愛知	18	6	24
	小計	69	11	80

地域	都道府県	刑務所	少年院	合計回数
近　畿	三重	5	2	7
	滋賀	7		7
	京都	10	3	13
	大阪	14	5	19
	兵庫	21	5	26
	奈良	3	2	5
	和歌山	2		2
	小計	62	17	79
中　国	鳥取	11	4	15
	島根	7		7
	岡山	3	3	6
	広島	6	8	14
	山口	17		17
	小計	44	15	59
四　国	徳島	3		3
	香川	3	7	10
	愛媛	10	2	12
	高知	7		7
	小計	23	9	32
九　州	福岡	13	5	18
	佐賀	11		11
	長崎	7	2	9
	熊本	4	2	6
	大分	8	6	14
	宮崎	3		3
	鹿児島	9		9
	沖縄	1		1
	小計	56	15	71
総　計		386	114	500

制作協力：吉田明二子

Ⅷ　これからの Paix²

二十年を振り返って

めぐみ（Megumi）

二〇〇〇年から始めた、全国の矯正施設（刑務所・少年院）でのプリズン・コンサートは、二〇二〇年一月十八日の横浜刑務所で五〇〇回を迎えました。

コンサートの前日、音響機材をセッティングするため、横浜刑務所に到着したのは一四時二五分。コンサート会場が二階にあったため、音響機材を持ちながら急な階段を上り下りして運んでいきました。機材の準備を終え、簡単なサウンドチェックが終了したのは一七時三五分でした。

コンサート当日の朝、私の過ごし方は決まっています。宿泊ホテル出発の二時間前には起きて準備することにしています。実は、この朝の過ごし方も徐々に進化しています。最近ではウォーキングをするようになりました。いろいろ準備を終え、この日、宿泊ホテルを出発したのは七時でした。

それから移動して横浜刑務所に到着したのは七時二〇分。到着してすぐにリハーサル。五〇〇回という記念のコンサートになるので、リハーサルにはとても時間をかけました。この日は約七〇〇名のみなさんの前で、九時四〇分～一一時一〇分までプリズン・コンサートを行いました。この日のために作られた受刑者のみなさん手作りの看板を見た時、歓迎の思いがたくさん込められている気がして、とても嬉しかったです。

Paix² の経歴とプリズン・コンサートをノートに書き残す

私はPaix²として活動するようになってから、Paix²の経歴を書いたものと、プリズン・コンサートのことを書いた二種類のノートを書くようになりました。パソコンではなくすべて手書きです。

二〇二〇年三月現在でPaix²経歴ノートは十一冊目、プリズン・コンサートノートは二十冊目になりました。

プリズン・コンサートノートについては、最初からノートに書き残すつもりはなかったのですが、ふとしたきっかけで、二〇〇三年一月五日の松本少年刑務所でのコンサートから書くようになりました。今では、そのノートを読み返してみると、その時の一日の流れや私の気持ち、会場の様子などを振り返ることができます。コンサートをしていてうまくできなかったことなどは、とても記憶に残ってしまうので、もっとこうやればよかったと反省することが多いです。

このノートも徐々に進化していき、矯正施設のみなさんが書いてくださった看板の雰囲気も書き残すようにしています。矯正施設では、会場内を写真に撮って残すことができないので、記憶を頼りながら手書きで残しておくと、さらにその時の記憶が甦ります。私たちのために描いてくれた、その歓迎の気持ちを思うと胸が熱くなります。

日記のようなそのノートを読み返していくと、私の中でどうしても忘れることができないプリズン・コンサートがあります。後に「めぐみ伝説のコンサート」と呼ばれるようになったそのコンサート会場は、熊本刑務所。

体調管理には気をつけて音楽活動をしていますが、連日コンサートが続くとうまく体調をコントロールできない時もあります。

二〇一四年十二月三日、熊本刑務所でのプリズン・コンサートがそうでした。

コンサート当日は、朝六時一五分から準備。前日からの体調の悪さに睡眠がほとんどとれず、その朝は食事も喉を通らない状態でした。刑務所の職員のみなさんが私の状態を心配してくださり、いつ倒れても対処できるようにと担架の準備をしてくださって、看護師さんが待機していたりと、そんな状況でした。本番前に控室に来てくださった山本所長は、私の顔が青白かったようでとても心配されており、いつ何があっても対応できるようにと医務のみなさんに指示されていました。

きょうこの日にプリズン・コンサートをすると決めたからには、どんな状態でもコンサート本番は、気持ちのスイッチを切り替えてコンサートしてやる！と私は決めていました。本番中に倒れるなどのハプニングもなくなんとか無事にコンサートを終えることができました。

コンサート後、刑務所の職員さんに病院へ連れていっていただき、点滴をしてもらいました。そのお蔭で少しだけ身体が楽になりました。

「どんなに体調が悪くても、気持ちの持ち方次第でステージに立って歌が歌える！」

そんな経験をした私にとって忘れられないプリズン・コンサートになりました。

寄せられる言葉に勇気づけられる

矯正施設のみなさんからいただく感想文には、とても考えさせられる内容のものがたくさんあります。

ある感想文にはこんな言葉が書いてありました。

「『言葉の意味』をどう受け止めるか、どう受け入れるかによって、心の変化が起こる」

言葉によって人の心を救うこともできれば、傷つけることもできます。私もそんな経験をこれまでたくさんしてきました。

Paix²として音楽活動をするようになる前は、看護師をしていたので、歌うことは休みの日にカラオケに行くくらいでした。

それまでコンサート経験などなかった私がコンサートをするようになってからは、葛藤の日々でした。

結成当時は、鳥取県を中心に活動をしていましたが、コンサートするお仕事だけではなく、地元のテレビでリポーターをしたり、ラジオ番組でお話をしたり、歌うこと以外のお仕事もたくさんありました。もともと社交的ではない私が、いきなりテレビやラジオでお話をしなければならない。当然、うまく話すことができない。どう盛り上げていけばいいかわからない。周りの反応を見て、うまくできていないことを察し、落ち込み、悩み……。どうすればいいか自分なりに勉強し、またその機会があった時には、前回よりもうまくできるように挑戦する。

話がかみ合わない、と。

Paix²として真奈美さんと二人でいるので、まだ救われている部分もありましたが、お互いのキャラクターが全く違うため、二人の息がなかなか合っていないことについてもすごく悩んでいました。ステージ上でうまく会話がかみ合わない、と。

いろいろ解決したくて本を買っては大切なことをまとめたり、他のアーティストのコンサート映像を観たり、お話をすることについては、漫才のＤＶＤを観て勉強したり、そんな日々をずっと過ごしていました。

今、その当時の私自身のことを振り返ってみると、心の余裕がない時間の過ごし方をしていたなと思います。頭の中は、うまくできていないことを考えることでいっぱいでした。考えすぎて頭痛がする時も何度もありました。天真爛漫に振る舞う真奈美さんに対し、こんな状態の私だったので、私の個性はどこかへ行ってしまっていたと思います。ただただ真剣に真面目に取り組むしか私にはありませんでした。

大好きな音楽、その世界に飛び込んでみて、あまりにも非日常的な出来事に何度も心が押しつぶされそうになりました。

そんな日々が続いていた時、二〇〇三年二月、広島県で行った「更生保護『チャリティー音楽の夕べ』」で主催者側にいたＹさんという女性との出会いから、私は少しずつ変わっていきました。Paix²のコンサートを観て、私の心の状態を見抜いていたＹさんは、この日の出会いから約六年間、メールでのやり取りをするようになり、私の悩みや葛藤をたくさん聞いてくれました。そのお蔭で少しずつですが、心の平穏を保ってくることができたような気がします。
いろんな思いをやり取りする中で学ばせていただき、座右の銘として大切にしている言葉もたくさんあります。

人を豊かに力強く育ててくれるものは
順境よりも
むしろ
失敗であり
不幸であり
病気である

不幸にあったら不幸を
苦労したら苦労を
師として学べ
苦労　苦労　というけれど
節目　節目　の　宝もの

この言葉の意味を理解できるようになったのは、もしかしたら最近かもしれません。

失敗したくないし、不幸になりたくないし、病気だってなりたくない。

しかし、望んでもいないのにやって来る逆境に苦悩しながらも、一歩ずつ進んでいった先に見えたものは、以前の私だったら対処できていなかったことが、いつの間にかできるようになっている現実に自分自身でも驚いています。

もしかしたら順風満帆に進んでいたら気がつかないことだったかもしれません。

途中で諦めていたら得られなかった結果だったかもしれません。

今振り返ってみても、この言葉を心に刻んで生きていくことは、この先の私の人生の支えになる言葉だと思って大切にしています。

Paix² 活動ノートに、出会った方にいただいた言葉を書き記す

Paix² 活動ノートは、Paix² として活動してきた出来事すべてを詳細に書いています。最初は、とても簡単にしか書いていなかったのですが、徐々にその時に出会った方から聞いた大切な言葉や思いも書き残すようにしてきました。

「被害者になるかどうかは選べないけど加害者になるかどうかは選べる」

この言葉は、ある被害者の方の言葉です。

矯正施設でのコンサートでお邪魔している場所は、男性の刑務所・女性の刑務所・少年院・女子少年院・拘置

所などがあります。それぞれ全く雰囲気が異なります。

対象者に合わせて、何を大切にしなければならないか、歌うだけではなく、お話をする内容についても考えることがたくさんあります。

社会復帰後のその人の心の状態が、その後の人生を決めると私は考えています。人間関係で大切なことは「相手の価値観を否定しない」「まずは聞く」「相手を知る」などいろいろあるとは思いますが、それができるようになるためには、まず「自分を知る」ことが大切になってきます。

私も他人が感じている私の姿と、自分が感じている私の姿にギャップがあることを知り、驚いたことが何度もあります。そんな「自分を知る」ことの大切さをプリズン・コンサートで表現できれば、少しでも社会が明るくなるのではないかといつも考えています。それが少しでも平和な未来へとつながっていくことを願って——。

Paix²として経験してきたことは私の宝物

「やめたいと思ったことはないですか?」

インタビューなどでよく質問される内容の一つです。

葛藤しながらもやめずにここまで続けていくことができた、私にとって心の支えになっているものは何なのだろうかと改めて考えてみました。

コンサート会場にいるお客様の笑顔や言葉、プリズン・コンサート後にいただく感想文、社会復帰された方との出会いなど、いろいろなことが私の心の支えになっています。

音楽活動をしていく中で、心ない言葉を言われて嫌な思いをすることもたくさんありました。苦しい気持ちでいっぱいになると、何をやっても楽しくないし明るい気持ちにもなれません。周りを見れば、みなが幸せそうに見えて、どうして私だけがこんな思いをしなければならないのだろう……と、自分自身を追い込んでしまいます。学生時代もそうですが、社会に出ても数字で評価されることが多いです。音楽活動もそうです。どれだけCDが売れたのか、ダウンロードされたのか、動画が再生されたのか。SNSを開始すればどれだけの人がフォローをしているのか。他人と比較して、どれもずば抜けていない状況を経験すると「もうやりたくないな……」という気持ちになり、未来が見えなくなります。

でも、そんな時に思い出すことがあります。どんなに苦しくても「たった一人のために」頑張っていれば、それが未来につながっていく。それは、応援してくれている人だったり、家族だったり、友達だったり。そうやって自分にとって大切な人を思い浮かべて自分に負けないで一所懸命頑張っていれば、どんな困難でも乗り越えることができるのではないかと私は思っています。

歌手活動の中で、私には忘れることのできない、受刑者のご家族との出会いがありました。

十八年という長い受刑生活を送っていらっしゃる方の娘さんからの手紙を、前回出版した書籍『逢えたらいいな』の中でご紹介させていただいています。

その娘さんから十数年ぶりにメールをいただきました。

「ぺぺさん、きょうはご報告がありメールをさせていただきました。

父の身体に異変があり検査をしてもらった結果、末期の胆嚢癌でした。

この時点では、本人に初期癌と伝えられていましたが、すでに末期でした。

その後、医療刑務所に移送していただき、こちらでは本当によくしていただきました。

年齢的には手術は難しく、余命数カ月とのことでした。

急変した今月、急いで施設に伺いました。

前日までは意識も無かったとのことですが、私たちが行くと車椅子で出迎えてくれました。

『絶対に治す‼』、この言葉も空しく亡くなりました。

あと四年で満期でした。

せっかく十四年も頑張ったのに……。

父は何を思いどんな気持ちだったのかな…なんて考えてしまいます。

事件の遺族の方々の悲しみ、苦しみ、怒りは一生消えないと思いますが、どうか父を許してあげてください…と思うばかりです。

これは都合のいい考えですけど、父を許してくださいと願うばかりです。

きょう、荼毘に付し骨になった父ですが、やっと私たちのところに戻ってきてくれました。

父が事件を起こし、そんな悲しい縁ではありましたが、ぺぺさんと出会えたことは宝です。

これからのご活躍を楽しみにしています。

ありがとうございました。」

私はこのメールを読んで、彼女の心の中を思うと涙が止まりませんでした。

この広い社会の中には様々な人生がある——そう思わせてくれたプリズン・コンサートの活動は、私の人生にとって、間違いのない選択だったのではないかと感じています。

今後、私の未来がどうなっていくのかわかりませんが、これまでPaix^{2}として経験してきたことは、私の宝物です。それをこれから先、社会のために活かしていくことができるよう、精進していきたいと思います。

二十年を振り返ってのエピソード　真奈美（Manami）

インディーズ時代に初めて鳥取刑務所で歌ったのがきっかけで、ライフワークになったプリズン・コンサート。経費節約のため、機材を車に積んで全国を走るのですが、まさか、二十年経った今でも変わらず車で走り回るとは、思いもよりませんでした。この調子だと今後も全国への車移動は確定ですね。

函館少刑で流血事件が

二〇一五年十月八日、翌日のプリズン・コンサートの準備のために、私たちは函館少年刑務所を訪問していました。その日もいつも通り、ハイエースを施設の体育館の扉付近に横付けして、そこから機材を搬入していました。その日は台風が接近していたこともあり、強風の中での作業でした。たくさんある機材を持って、何度も車と体育館を行き来していたその時、上に開いていたバックドア（荷室のドア）が強風にあおられて、突然閉まるのと、私がドアの下に入るのとタイミングが同時になってしまい、たまたまバックドアの真下にいた私は、頭に大きな痛みと同時に目の前が真っ暗になりました。

何が起きたのかわからず、痛みに耐えながら、しばらくうずくまったあとパッと目を開けたら、地面にポタポタと真っ赤な血が落ちるのが見えました。「あぁ、頭をケガしたんだな」と理解はできたのですが、頭のどの部分をケガしたのかわかりませんでした。ただ、あまりにも血が流れるのでさすがに周りの方たちも騒然としてしまい、「とにかく止血しましょう」と、体育館の床に仰向けになりました。あまりにも流血が多いケガの部分をめぐさんが何かで圧迫しながら止血をしてくれていました。

次々と刑務官のみなさんや所長さん、医務の先生も飛んで駆けつけてくださいました。診てもらったところ、額の右側、前髪の生え際のところがパックリ割れていました。病院でちゃんと診てもらったほうがいいという医務の先生の判断もあり所長さんが、「救急車を呼んで」と言っているのが聞こえました。Paix^{2}の歴史上初めて私は刑務所の中から救急車で病院に運ばれたのです。

救急病院に運ばれた私は処置室に運ばれて先生に診てもらったところ額に三センチほどの傷を負っており五針縫いました。幸いにもケガは顔の真ん中のような目立つ場所じゃなくて髪の生え際だったので、後々目立つ状況ではありませんでした。本当に良かったと、今でも思い出すたびにホッとしています。

病院に運ばれ処置をしてもらってその日はそのままホテルに帰りました。本来は音響設備の設営や前日リハーサルもありましたが、設営は、片山さんとめぐさんでやってくれたので、おとなしくホテルに帰り休んでいました。ケガの部分以外、身体は元気だったので、翌日のプリズン・コンサートは予定通り実施することができて、受刑者のみなさんの期待に応えようといつも以上に気合を入れて頑張りました。

後日、矯正局の方から聞いたお話ですが、私がケガをした時、すぐに全国の矯正施設に「Paix²の真奈美さんが函館少年刑務所の中でケガ」との情報が流れたそうです。東京では矯正局長が出席されている会議の最中に、緊急で私の情報がメモで手渡されたとか。その後、矯正関係の方々からお見舞いの言葉をたくさんいただきました。また、移動した札幌のホテルには、矯正局長から直々のお見舞いの手紙まで届いていました。その節は本当にたくさんの方にご心配をおかけしてすみませんでした。

余談ですが、コンサートが終わったその日、ローカルニュースで台風の被害報告が流れました。「今回の台風によるケガ人一名」と報道されていたのを目にした時は、函館市のみなさんに申し訳ない気持ちでいっぱいになりました。

ガス欠事件

流血事件の数日前、東京から青森に向かって高速道路を走っていました。青森刑務所でコンサートを予定していたのです。東京から一気に青森まで車移動するのは数年ぶりでした。

東北道をずっと走って青森県に入ったあたりから「次のＳＡより先のＳＡにはガソリンスタンドはありません」

との看板をちらほら見かけるようになりました。「車の性能も上がって燃費が良くなったからスタンドも必要なくなったんだね」、なんて話をしながら私が運転していたのですが、何度も注意書きを目にすると、だんだん不安になってきました。気づいたら燃料のメーターも、一番下のメモリーに近くなっています。

「次のサービスエリアで給油しましょうよ」

「いや、青森まで走れるよ。必要ない」

片山さんは昔から、燃料切れの赤いランプが点いても、なぜか給油をすぐにしません。

「まだ一〇リッターあるから大丈夫なんだよ」なんてことをいつも言って、なかなか給油しません。そのせいで、ガス欠しそうになってしまいハラハラする場面が過去に何度もありました。なんだか今回も嫌な予感がしたのですが、大丈夫の一点張り。そうこうしているうちに、どんどん不安になってきました。とりあえずすぐ近くにあった小坂ＩＣから高速道路を降りることにしたのです。たいてい高速道路の出入口付近にはガソリンスタンドがあるので、降りればなんとかなるだろうと思っていました。が、降りてすぐのところも、ナビで見つけた一～二キロ先のところも、営業は終わっていて開いてない。時間は二〇時を少し過ぎたところでした。どこのスタンドも店頭に「二〇時まで営業」の文字があり、一足遅かったのです。

小坂ＩＣ付近は鳥取県とよく似た、のどかな風景で何もなく（笑）、このままでは車中泊になるのでは、と不安もピークになりました。「国道２８２号線が弘前市につながってるからそこを走ろう。国道だからガソリンスタンドはどこかにある」と片山さん。しかし、走れば走るほど山道で上り坂になりました。街灯も一本もなくあたりは真っ暗でした。

ふと気になって自分のケータイを見たら、電波は圏外になっていました。私とめぐさん、片山さんは、ケータイのキャリアがそれぞれ違います。二人は、まだつながってるようでした。「ガス欠するなら電波があるところにしてくださいね！」なんて冗談まじりに言った五分後、アクセルを踏んでも馬力が出なくなってしまいました。いよいよ燃料が残りわずかになったのです。私としては「案の定」でしたが、片山さんは「そうか！東北道は東名なんかと違って勾配があるから燃料食うんだね！」と。今頃それを言われても……ですね（涙）。

そしてとうとう、本当にガス欠してしまいました。慌ててみんなのケータイを確認したら、全員圏外。対向車も来なければ、後ろからも車も来ない、全く人家の気配もない場所です。もうプチ遭難です。

片山さんがケータイと懐中電灯を持って、歩いてもう少し先に進んでみると言って出かけるも、数分後、「どこまで行っても何もないし電波もつながらない」と帰ってきました。

「じゃぁ戻ってみますよ。五分前までは電波つながってたし」と、今度は私が真っ暗な山道を下って戻ることに。ケータイのフラッシュ機能で足元を照らしながらどんどん走って下りました。しかし、行けども行けども電波はつながりません。よく考えたら、車で五分かかったところを私の足で走っても五分で着くわけないですよね。それでもここで立ち止まったらクマに襲われるんじゃないか、実は山賊とかいて襲われるんじゃないかとか、急に暗闇の恐怖が襲いかかってきて泣きそうになりました。

そんな時、やっと車のライトが近づいてくるのが見えました。トラックでした。絶対に止めなくては！と、道路の真ん中に立って大きく手を振りました。停まってくれた運転手の男性に、このガス欠遭難状況を説明しました。

「大変だったね、乗りなさいよ」と、助手席に乗せてくださり、「幽霊かと思ったよ。このあたりは出るって噂だからね。車もほとんど通らないしね。なんでこの道使おうと思ったの？」と、それまでの経緯を話しながら現場まで戻ってくださいました。私たちの車を見た運転手さんは、「この車は軽油だよね。ホースがあればトラックから抜くこともできるんだけど……」と言いながらトラックの横にある工具箱の中を探してくれたりしましたが、給油する術はありませんでした。結局、運転手さんが弘前まで片山さんを乗せて行き、そこからＪＡＦに電話しよう、という話になりました。

私とめぐさんはシーンとした山の中、十月の冷え冷えとしたハイエースの車内で留守番です。ひたすら真っ暗な中で待ちました。電波も届かない所なのでケータイでの暇つぶしもできません。空を見上げたら、木々の間からそれはもう言葉にできないほどのきれいな星空が見えました。そして思い出したのです。その日がめぐさんの誕生日だったのを（笑）。

二時間半以上経った頃、やっと片山さんが帰ってきました。ＪＡＦの車ではなく先ほどの助けてくれた運転手さんと一緒でした。

「あれ？　ＪＡＦを呼びに行ったんじゃないんですか？」

「それが財布もケータイも忘れていってしまったんだよ」

「えっ！　何しに行ったんですか⁉」

さすがにツッコミましたよね。

男性は、十月の東北は東京の人には寒いだろうからと、温かい缶コーヒーを買って、タンクに軽油を入れたものを自家用車に積んで引き返してくれたのです。往復八〇キロくらいあったんじゃないでしょうか。「青森の人間は放っておけないさ。困ってる人がいたら助けたいから」となまりのあるイントネーションで言ってくださったのが、また胸に突き刺さりました。Hさん、本当に、本当にお世話になりました。人の優しさが身に染みた一生忘れられない出来事でした。

塀の中から外に伝えたいこと

私たちがデビューした頃は、不景気の影響を大きく受けたこともあり、刑務所は全国で過剰収容になっていました。一人部屋の「単独室」では、二段ベッドを入れて二人収容するほどでしたが、最近は落ち着いてきて収容率も下がっています。犯罪者が少なくなっているという意味では、とても良いことだと思います。ただ、初めて犯罪をする「初犯」は減っているけど、再犯率は下がってないのが現状です。再犯をしてしまう原因として、就職しにくい環境であることと、地域の人の「知らない」ことから来る怖さじゃないかと私は考えます。

もう何年も前に父が体験した話です。勤めていた飲食店に、二十歳くらいの男の子がバイトで入ってきました。挨拶もしっかりできるし、人当たりも良く、仕事も要領よくこなすのでみんなからもかわいがられていたそうです。ある時、職員のロッカーから財布がなくなりました。後日、その男の子が窃盗で捕まりました。

実は、その子は少年院経験者で、出院後、バイトとして父が働くお店に採用されていたのです。でもそれは、社長やごく一部の関係者だけが知っている事実で、現場で働いてる人たちはみんな知らされていなかったそうです。衝撃的な出来事だったと思いますが、職場の方たちはその男の子のことを非難するどころか、むしろ「少年院から採用された子だと知っていれば、ロッカーにカギを掛けたり、なんとか犯罪を未然に防ぐことが自分たちでもできたんじゃないか」と話していたそうです。

それまでの私は、刑務所から社会復帰する人たちが、職に就きづらいのも、生活しづらいのも仕方がない、と思っている部分がありました。罪を犯して刑務所に入ってしまったら、奇異な目で見られるのは避けられないこと、そこを乗り越えるのは本人たちなんだから、頑張るしかないと。でも、父からこの話を聞いた時に、周りの人たちの「事実を知る」ということもすごく大事ではないかと思えてくるようになりました。

今回の出版にあたり、千房の中井会長との対談のために大阪の本社に伺いました。

その時、たまたま、採用一年目の社員ミーティングが行われていて、中井会長のご厚意でそのミーティングを拝見せていただきました。八名ほどいる社員の中で三人は少年院や刑務所から採用されたそうです。ここでは、社員全員が三人の過去を知っています。本人もそれを隠していません。私が伺った時のミーティングでも、「悪いことに手を出さないように気をつけます」と大勢の前で発言していました。周りの人たちはすべて知っているから怖がることはないし、元受刑者も、過去を隠して生活する必要がないのです。この環境こそが、立ち直りを支援する大きな支えになるのだと感じました。

では、一般社会で私たちが何をしたらいいのか。それは、「少年院や刑務所から出所した人の中には、自分の犯した罪を悔い改めて、一所懸命頑張ってる人たちがいる」という事実を知る、です。それだけです。何にもしなくていいんです。わざわざ手を差し伸べることもしなくていいです。

「知る」だけで、世の中はずっと明るくなります。そして、それを一般社会に伝えていくのが、今の私の使命の一つだと思っています。

最後に――

この原稿を書いている現在は、二〇二〇年四月の初めです。二〇一九年の年末から騒がれている新型コロナウイルスの影響が悪化し、安倍総理が近日中に緊急事態宣言を出す意向を固めている、というニュースが流れています。

私たちは二月半ばから、以降のスケジュールがすべて白紙になりました。芸能界だけではなく、今は全国民が、世界中の人たちが、苦しい状況に追い込まれています。私もスケジュールがどんどんなくなっていった時は、先が見えない恐怖で気持ちも滅入ってしまいました。ステージに立てなくなること、音楽ができなくなること、考えれば考えるほど不安になっていきました。

そんな時、ミュージシャン仲間が、無観客でのライブ配信を提案してくれました。歌うことへの希望は持っていいんだと教えてくれた気がしました。同時に、この時代だからこそネットを積極的に使って、みなさんに少しでも明るくなるようなものをお届けしたいと思い、ツイキャスやYouTubeを試行錯誤しているところです。もちろん一番の願いは、みなさんと直接会って、生のステージをお届けすることです。それまでは、パフォーマンスも含め、自分自身を磨く時なのかな、と勉強しています。

この書籍が出版される頃には、新型コロナウイルスも収束していることを願っています。そしたら、コロムビアメジャーデビュー二十周年と、延期になった聖火リレーと、イベントは目白押しです。

これからも、どうぞ温かく見守ってくださいね。

$Paix^2$の二人と二十年一緒に活動してきて

プロデューサー　片山 始

$Paix^2$とは?

$Paix^2$という歌手を知らない人には二十年を遡ってあれこれと説明しなければならなのですが、おそらく国民の一〇〇人に一人や二人は様々なTV番組や新聞などで見たことがあると思います。また塀の中(刑務所・少年院)にいる人やその場所を経験した人は一〇〇%その存在を知っているという女性デュオが$Paix^2$なのです。

メディアによっては「塀の中ではAKBより有名」と紹介された存在なのです。これは笑えますが、自画自賛ではなくメデァが付けた「受刑者のアイドル」と同様の扱いなのです。

五〇〇回目のプリズン・コンサート

二〇二〇年一月十七日午後二時二五分、私と$Paix^2$の三人は横浜刑務所に到着しました。翌日の$Paix^2$プリズン・

コンサート、通算五〇〇回目の音響機材の準備のために前日入りです。

刑務所のコンサートは通常午前中のことが多く、そのためには前日中に音響機材や照明などの設営が必要となります。

歌手の仕事といえば、多くのみなさんはステージで歌うことが仕事だと思っていらっしゃると思いますが、$Paix^2$の場合は音響設備の搬入から設営・撤収まで、私と$Paix^2$の三人ですべてを完結しているのです。

プリズン・コンサートを始めた当初は音響設備の準備でケーブルなどを引き回していると「$Paix^2$さんは何時頃来られますか?」「駅まで迎えに行きます」などと、何度も勘違いされたのも笑えるエピソードの一つです。

九州や北海道、東北や中国地方から考えれば、横浜刑務所は、われわれにすれば、とても近い場所です。「当日入りしてコンサートを行えば大丈夫でしょう」とおっしゃる人もいるかもしれません。しかし、午前八時三〇分までにはリハーサルも含めすべてを完了しておかなければ、当日訪問して音響設備を準備していたのではとても間に合いません。

そのために、私たち一行は前日の準備を終えて横浜・伊勢佐木町のホテルに宿泊して翌日のために備えました。

一月十八日プリズン・コンサート五〇〇回目の朝は底冷えのする雨に見舞われていました。

会場の体育館には幾何学模様のように約八〇〇席の椅子が理路整然と芸術作品のオブジェのように並んでいます。寸分の狂いもないその椅子の幾何学模様は多くの人に見せたいくらいです。

毎回の恒例ですが、会場入りすると体育館に直行して、休む間もなく順次機材の電源を入れながらサウンドチェックを行います。

セットリストの曲順に沿ってPaix²の声の調子を引き出しながら音響機材の音質調整を進めていきます。

早朝からのリハーサルですが、本番の時に客席に八〇〇名近くの人々が着席すると音色がガラッと変わりますので、本番時の会場の響きを想定しながらサウンドの調整をしていきます。

早朝からの声出しは、歌手には体内のエンジンも掛かり難いのでリハーサルはいつも入念に行います。

会場へ受刑者のみなさんが入ってくるまでの時間が決まっているので、時間の制約は絶対厳守です。

この日のスケジュールは、「繰り込み」いわゆる〝受刑者のみなさんの会場入り〟が八時四〇分から、そして本番が九時四〇分開始の一一時一〇分までの九〇分間のコンサートです。

マスコミもテレビ局二社、共同通信はじめ数社の新聞社などが取材に入っています。

法務省関係の方、Paix²の所属するレコード会社のゲストも会場に来られています。

音響機材のオペレーターとしての役割も担っていますので、私の作るサウンドの善し悪しがコンサートの出来不出来を左右します。ですから責任重大です。

リハーサルを終えるとステージ横の控え室で本番までの時間を過ごします。

シーンと静まった会場に繰り込みの足音だけが響いてきます。

会場内からは「前を向け!」「目を閉じろ!」と刑務官の指導の声だけが聞こえてきます。

これらの指導的な怒声が、われわれの心に緊張感を誘ってきます。

この活動を始めた当初は受刑者に対する指導の声だけで、開演前にもかかわらず気持ち的にテンションが落ちることが何度もありました。

いよいよ時間になり「総員何名……異常ありません」と処遇部門の職員から上司への報告の声が響いて聞こえ

てきます。

開演一〇分前に楽屋で「きょうも頑張ろうぜ」の言葉を残して私は会場の一番後ろに設営した音響操作席に移動しました。

会場内では「黙想やめ!」と職員の声と同時に受刑者のみなさんの「ふぅ～」といった息をする音が聞こえます。緞帳の中ではPaix²の二人がマイクの前に立ったことを知らせるワイヤレスマイクのスイッチが入った灯りが受信機に点きました。

教育の職員がPaix²の紹介と共に「それではPaix²さんを大きな拍手で迎えましょう!」が合図となり、私は音楽再生のデッキのスイッチを押しました。

オープニングテーマ曲と共に緞帳が上ります。

この瞬間が私は大好きです。

テーマ曲に続き『ふるさと発あなたへ』の曲からPaix²五〇〇回目のプリズン・コンサートがスタートしました。『ふるさと発あなたへ』の楽曲はゲーム(桃鉄)とのタイアップ曲です。二人の歌声が会場に響き渡り、この日の調子が伝わってきます。

「ああ五〇〇回目のコンサートを迎えたんだなあ」と思った瞬間、二十年前、初めてPaix²の二人が鳥取刑務所に立った時のことが走馬灯のように甦りました。

二人とも歌うことはできてもおしゃべりができず、私が司会をして舞台に立っていた姿が思い出されて「ああ、Paix²の二人と二十年一緒に走り続けてきた」——そう思うと目の前が霞みました。

自分のこと

私は過去、歌手を経験した後レコード会社で仕事をしていました。

大御所といわれる演歌歌手の方や、モノマネでトップの座を現在もキープされている方との仕事も経験すると共に、歌手デビューを目指す人を数多く手がけてきました。

他人から見るとプロデューサーという横文字の立場は華やかに見えるかと思います。

しかし、華やかに見えても爆発的にヒットする歌手は大手のプロダクション企業の商業的な作戦の上に成り立っており、その一端を担う仕事にはかなり以前から愛想が尽きていました。

果たして「自分の人生はこんなことでいいのだろうか?」——自問自答を繰り返す毎日の中に自分自身がありました。

「死ぬまでに生きてきた証を何か成さなければ」——そんな思いにジレンマを抱えながら日々を過ごしていた時に今のPaix²の二人と巡り合ったのです。

ある企業が鳥取県で実施した「日本縦断選抜歌謡祭」をプロデュースしたことで、この大会に応募してきたPaix²の二人に出会ったのです。

素朴なお嬢さんというのが最初の印象でした。

看護師に大学の研究所の研究補佐員が彼女たちの前職です。

様々な経緯を経てPaix²の二人は歌手になったわけです。この経緯は書籍『逢えたらいいな』の中でも述べていますので省略しますが、私が「地球に引っかき傷の一つでも付けて生きた証を残そう」、そんな気持ちを持つことができたのも、Paix²との出会いがあったからなのです。

二人をデビューさせる時に妻から言われた一言があります。

「お父さん、他人の娘さんを預かってお金がないからやめた、ということは絶対に言ったら駄目だよ」でした。

そもそも妻は音楽業界で仕事をしていること自体に対して懐疑的な思考回路を持っており、とにかく地道な仕事をすることを望んでいました。

私の実家が電話工事の仕事をしていましたので、その仕事をすることを結婚当初から望んでいました。

妻が、Paix²の二人に対してそのような思いを私に言ったのは、自分の娘と同じ年頃のお嬢さんという責任感があったからなのでしょう。

いまだに妻のこの一言は心の中に棲んでおり、自分の信念になっています。

決して、この二十年間が順調であったわけではありません。

懐の中と銀行預金はいつも風通しが良くて、月末の支払い時期が近くなると胃が痛くなるような思いが今でも襲ってきます。

当初は友人からの応援もあったり多少の資金は持っていたものの、ボランティア活動ではそれに見合うだけの収入があるわけではありません。また活動からお金を期待するわけでもありませんから、蓄えは徐々になくなり経済状況はあっという間に奈落の底へと落ちていきました。

私たちに、「なぜ、お金にならないことをやるのか?」とおっしゃる人や、やっていることの意味が理解できない、「犯罪者に対してそんなことをしても無駄だろう」などと、きつい言葉で揶揄する人にも数多く出会ってきました。

それらに対する意味や答えは、Paix²と私の立場にならないと理解できないだろうと思います。「どのような言葉を尽くしても、その微妙な責任感と使命感は解っていただけないでしょうね」と話すことにしています。

資金のショートを繰り返し、ある時には車を売り、家族にとって一番大切な家までも売らなければならなくなりました。

今考えれば、妻や娘にとっては最大の試練であり不幸であったと思います。家族に対し「なんと勝手な人間だろう」との後悔がないと言えば嘘になりますが、それよりも、図らずも犯罪を犯してしまい塀の中で自由もなく〝後悔〟している人々の心のスイッチを押すPaix²との活動に、ただひたすらに必死だったのです。

経済的にはどん底、カードの支払いもままならない状況に何度も陥りながら、それでもプリズン・コンサートを続けてくることができたのは「継続は力」だという、たった一つの座右の銘が心の中にあったからなのです。

移動の話

北は北海道網走刑務所、南は沖縄刑務所まで全国すべての矯正施設（少年院／刑務所）のコンサートはすべてが車での移動が基本です。

過去、帯広刑務所からの招聘で飛行機で北海道に飛んだことがありました。

その時には他のアーティストは「なんと楽な仕事をしているんだ」と、しみじみと思ったことがありました。

もちろん営業でのコンサートでは新幹線や飛行機を使うことはあるのですが、Paix²の場合は営業の仕事でも車で行くことが多々あるのです。

それは音響機材を業者より安く提供することで、主催者の負担を軽くして営業を獲得するという営業的手法を実施しているからなのです。

しかし、ボランティアは自己完結が原則です。

移動経費もできるだけ節約しなければなりません。

ほとんどの刑務所や少年院には音楽に適した音響機材は揃っていません。

音響機材一式をハイエースワイド（通称「ぺぺカー」）に積み込み、Paix^{2}共々一緒に移動するのが原則です。

矯正施設でのコンサートは、例えば鹿児島、宮崎、大分、長崎、福岡と順番に実施することができません。各施設ではそれぞれの予定を前年度の終わりに企画を立てますので、われわれのスケジュールとうまく合わないことが多く、各施設に単発で行くことが多く効率が良いとは決して言えません。

過去には、スケジュールの都合で東京から鹿児島まで一気に十五時間走り続けて直行したこともありました。

西新宿の国際劇場でコンサートが終わって撤収して、主催者の打ち上げに参加して夜の二三時に首都高速に乗りました。

目的地は鹿児島刑務所、到着時間は翌日の一五時です。

十六時間後には鹿児島刑務所に到着して舞台の準備をしなければなりません。

ただひたすら走り続けた私たちPaix^{2}一行はトイレ休憩のみで、翌日の午後一二時四五分鹿児島刑務所近くの九州自動車道えびのインターチェンジを降りました。

ゲートを通過して三人で「バンザ～イ」と叫びました。

「一三五〇㎞だよ、無事に着いてよかったね」と顔を見合わせて笑ってしまいました。笑ったのは、みんなの顔が睡眠不足と前夜からの疲れで〝煤けて〟おり、なんだかパンダのような顔をしていたからなのです。

鹿児島刑務所の近くには京町温泉郷があります。ひなびた感じの小さな温泉郷ですが、日帰り温泉を朝からやっている旅館があります。

以前も宿泊したことのある旅館あけぼの荘は、源泉かけ流しの温泉です。

とりあえず行ってみるかということで、まだ営業前の旅館を訪ねて無理をお願いして温泉に入れていただきました。

約十四時間近く排気ガスと睡眠不足の身体を癒してから鹿児島刑務所に向かいました。

無事に着いた安堵感と鹿児島まで走り続けた達成感は今でも心に残っており、Paix²との苦労エピソードは大切な思い出となっています。

五〇〇回の重さ

舞台ではPaix²の二人が絶妙な掛け合いで話しながらステージ展開をしています。

いよいよコンサートも終盤です。

Paix²のコンサートではラスト曲は『逢えたらいいな』です。

この曲はサウンドも詞の内容も多くの人に支持してもらっている曲で、ラストにはとてもふさわしく心に沁みる曲になっています。

会場の客席のみなさんの心の動く雰囲気が背中から伝わってきます。

ラスト曲の歌詞を聴きながらこれまでの様々な苦労やエピソードが脳裏を過ぎていきました。

お金がなくておにぎりも買えなかったこと、給料が払えなくても文句一つ言わなかったこと、初めてＮＨＫホールに立った時の感動、レコーディングで上手く歌えなくて涙を流しためぐみさんの気持ち、遅刻ばかりして私に叱られて落ち込んだ真奈美さんの顔、性格の対照的な二人だからこそこの活動を継続できたのだろう。

きっとお前たちのことは神様が見ているぞ。

私は舞台の二人に心からエールを送りました。

「よく頑張ったなあ」、偉いぞお前たち！

エピローグ

二月十二日　名古屋刑務所
二月十三日　瀬戸少年院
二月十四日　京都刑務所
次の目的に向かって京都刑務所で五〇三回目のコンサートとなりました。
この原稿を書いている二〇二〇年三月末はコロナウイルスの蔓延で、有名な芸能人の死亡のニュースが全国へ伝えられ、今まで安易に考えていた国民に一気に緊張感が走りました。

一体この疫病はどこまで蔓延するのか、未来が全く見えない状況ですがPaix²の新たなるプリズン・コンサートが開催される日を心待ちにしながら、日々の鍛錬を重ねています。

今年は四月二十一日でPaix²結成二十周年になりました。

この先、時が流れてどのような時代になってもPaix²の歌声が多くの人の心に届くことを願ってやみません。

おわりに――プリズン・コンサート五〇〇回を達成したPaix²
次のステージへ向けて翔び立て！

鹿砦社代表　松岡利康

まずはプリズン・コンサート五〇〇回、おめでとうございます！　心から素直に祝福したいと思います。

Paix²はもっと報われてほしい

本書内でもPaix²との出会いが語られていますが、私の出会いは、もう（まだ）十年ほど前になります。偶然送られてきた雑誌にPaix²の活動が漫画（原作・影野臣直、画・池田鷹二）になり掲載されているのを見たことで関心を持ち連絡した次第です。ところが、Paix²の公式サイトから連絡を試みましたが、不具合があった時期と重なり、連絡が取れたのは数カ月後でした。プリズン・コンサートがまだ二五〇回前後で結成十年ぐらいの頃です。Paix²の歴史の半分ぐらい付き合っていますので、彼女らのことをそれなりに知り、そのひたむきさ、ピュアな精神を愛おしく思っています。もっと報われるべきです。

しかし、彼女らが郷里・鳥取で活動を始めた頃から応援している方からすればまだまだです。失礼な言い方をさせてもらえれば、全国的にはまだ広く知られてはいませんが、鳥取では英雄のようによく知られた存在だということです。そんなローカル・ヒロインから全国区に飛躍するために活動基盤を東京に移したのでしょう。

爾来、忘新年会や、昨二〇一九年の小社創業五十周年記念集会など機会あるごとに歌っていただきました。ライブは大阪で一度、奄美・喜界島の唄者・川畑さおりさんとジョイント・コンサートを開きました。多くの方々にお集まりいただきました。ご存知の方もおありかと察しますが、関西では奄美や沖縄出身者が多く、また$Paix^2$の出身地・鳥取もさほど遠くなく、合わせれば一定の参加数は見込めましたが、絆が強い奄美・喜界島人脈のほうが圧倒し、$Paix^2$の鳥取人脈は、もっと応援しないと……。そうそう関西大学の学生の前でも、講義の一環として学生諸君の前で歌ってもらったこともあります（本文Ⅲ章の新谷英治教授の文章をご覧ください）。まだその程度のことをやったぐらいです。

ワゴン車で矯正施設を回っていることに驚いた

出会った頃、驚いたことは、プリズン・コンサートも二五〇回ほどになっていて、それだけでもすごいことなのに、全国の刑務所・少年院などの矯正施設に、めぐみさん、真奈美さん、マネージャーの片山さん三人でワゴン車に音響機材を積んで回っていることでした。それはそうでしょう、刑務所や少年院などの矯正施設は、交通の不便な遠隔地に在り、そうするしかないわけですから。そして、音響機器のセッティングも、ライブが終了しての撤収作業も、一部職員の方々に手伝っていただくこともあるそうですが、基本的には自分らで行うということでした。

ワゴン車は、ほとんど片山さんが運転していたとのことですが、めぐみさん、真奈美さんも時々運転したそうです。そうこうしているうちに三〇〇回を迎え、記念書籍『逢えたらいいな』を出版させていただきました。

それ以後も同じスタイルでこつこつと全国の矯正施設を回り、このたび五〇〇回に至りました。本書はそれに続く記念出版です。

実際にPaix²のライブを観ればファンになる

刑務所慰問として、昔から一部芸能人らが行っていることは知っていました。私の高校の後輩も駆け出しのミュージシャンらを連れて郷里の刑務所に二十数回行ったそうです。これでも多い部類だと思われますが、彼についてのエピソードを思い出しました。

「先輩、刑務所慰問に連れていく芸能人や歌手を誰か知りませんか?」と言うので、ちょうど鹿砦社が主催する「西宮ゼミという市民向けのゼミナールでゲストにPaix²という女性デュオを呼ぶので来ないか」と誘い彼はやって来ました。そうしたら、見るからにコワモテ風の男ですが、気は純な男で、彼の姿を見ると涙ぐんでいました。それ以来、彼もすっかりPaix²のファンになり、私たちがPaix²を呼ぶと必ず協力してくれます。本書でも、飛松、新谷、本間さんらも述べておられるように、実際にPaix²のライブや映像を観れば、すぐにファンになるでしょう。その機会がもっと欲しいところです。

Paix²はもっと顕彰されるべき

ところで、前述したように、一回二回矯正施設を訪れた芸能人や歌手らがいても、一〇〇回単位で行った人を私は知りません。ご存知の方はいますか? ちょっと名の有る芸能人は、いわば売名行為で行くこともあるようです。こういう人で、一〇〇回とは言わなくても一〇回以上行った人がどれほどいるでしょうか?

そうした中でPaix²の五〇〇回という数字は、驚異的なものです。友人らに、ちょっと内容を話すと、知った方は驚き、異口同音に「こんな立派なことを長年やっているのに知らなかった」「もっと顕彰されるべき」と言われます。本書でも、獄中でPaix²のプリズン・コンサートを観た本間龍さんもそう仰っています。

私たちがPaix²の活動を応援していることは、十年ほど支援していることもあって、少ないながらも知られています。鹿砦社の取引先やライターさんらはみな知っています。しかし、残念ながら大きな拡がりは見られません。

今回、プリズン・コンサート五〇〇回を記念して本書を出版するにあたり、あらためて調べ編集してみると、マスメディアも、けっこう報道していることが分かりましたが、僭越ながら申し述べさせていただくと、それがなかなか定着しないし、チャンスを活かし切れていないことにも気づきました。なぜなのでしょうか?――おそらくこのカギを解ければ、一皮剝けるのではないか、と思います。

Paix²この国の未来を見る

「継続は力なり」といいます。二十年も継続し、矯正施設を訪れた回数五〇〇回――こうした人がいる限り、この国もまだ捨てたものではありませんが、これで報われないなら、この国に未来はありませんし、この国の人々の良心が廃《すた》れると思います。

このたび本書で、プリズン・コンサート五〇〇回を記念しPaix²の活動記録をまとめることができました。この五〇〇回という数字は、世界に誇ってもいいものです。ということで、少し前にギネスに申請しましたが、なぜか却下されました。テレビで綱引きの人数がどうの、ドミノの数がどうのという番組を時々見ますが、こんなことがなぜかギネスに登録されるのを見ると疑問に思います。おそらく放送局とギネスの間になんらかの〝取引〟のようなものがあるのかと「下衆の勘繰り」をしますが、逆に言えば、これではギネスの価値を貶《おとし》めるのではないでしょうか。

プリズン・コンサート五〇〇回という金字塔は、今、新型コロナウィルスによって活動休止に追い込まれていますが、万が一そのまま解散しても、記録に残ります。本書はこれを書籍という形にできました。Paix² の崇高な活動への私たちなりの〈贈り物〉です。

Paix² よ、新たなステージに向けて翔び立て！

本書が成るにあたっては多くの方々のあたたかいご協力を賜りました。Paix² と鹿砦社以外では、記念すべき五〇〇回プリズン・コンサート成功のためにご尽力いただいた横浜刑務所の所長をはじめ所員の皆様、千房の中井政嗣会長、会長秘書の重光由美さん、田所敏夫さん、椎野礼仁さん、吉田明二子《あさこ》さん、飛松五男さん、新谷英治さん、本間龍さん、題字を揮毫してくれた大学の後輩の書家・龍一郎君……ありがとうございました。

Paix^2（ぺぺ）

Megumi（井勝めぐみ）と Manami（北尾真奈美）の二人によるデュオ

2000 年 4 月：Paix^2 結成・インディーズデビュー
2001 年 4 月：日本コロムビアより『風のように春のように』でメジャーデビュー
2004 年 4 月：NHK 教育番組『ひとりでできるもん！どこでもクッキング』
エンディングテーマ曲を担当
2004 年 5 月：2nd シングル『花天女』発売
2004 年 7 月：3rd シングル『NHK　ひとりでできるもん！どこでもクッキング』
エンディングテーマ曲『SAY　いっぱいを、ありがとう』発売
2005 年 10 月：1st アルバム『逢えたらいいな』発売
2005 年 12 月：法務大臣より「感謝状」を受ける（2008 年 12 月・2016 年 12 月にも）
2006 年 4 月：4th シングル『ずっとずっと』発売
NHK ラジオ第一「ユアソング」4 月・5 月
2007 年 9 月：BBS 運動発足 60 周年記念式典皇太子殿下（現・令和天皇）臨席にて
国歌斉唱
2008 年 6 月：“社会を明るくする運動” 応援メッセージソング 5th シングル
『おかげさま』発売
2010 年 10 月：6th シングル『ともいき…未来へ』発売
2012 年 8 月：第 3 回作田明賞「優秀賞」受賞
2012 年 9 月：防衛大臣より「感謝状」を受ける
2013 年 5 月：2nd アルバム『HANA　爛々と』発売
2014 年 9 月：法務大臣より「保護司」を委嘱
2015 年 4 月：法務大臣より「矯正支援官」を委嘱
2015 年 6 月：3rd アルバム『しあわせ』発売（結成 15 周年記念アルバム）
2017 年 9 月：BBS 運動発足 70 周年記念公演
2018 年 10 月：シングル CD『日本酒で乾杯！〜ふるさと鳥取 ver. 〜』発売
2019 年 12 月：鳥取県民応援コンサート「Paix^2 トーク＆ライヴ in COWBELL」
2020 年 1 月 18 日：Prison コンサート 500 回記念公演（於・横浜刑務所）

結成当時から、社会貢献として矯正施設で継続しているプリズン・コンサートが有名であり、数多くのメディア等から「受刑者のアイドル」「刑務所の歌姫」と称され数々の受賞歴を持つ。

海外メディア〈アメリカ・フランス〉でも取り上げられており世界的に注目されている。

Paix^2 Official Site：https://paix2.com/

塀の中のジャンヌ・ダルク

———Paix² プリズン・コンサート五〇〇回への軌跡

2020年6月20日初版第1刷発行

編　者——鹿砦社編集部
発行者——松岡利康
発行所——株式会社鹿砦社（ろくさいしゃ）
●本社／関西編集室
兵庫県西宮市甲子園八番町２－１　ヨシダビル301号　〒663-8178
Tel. 0798-49-5302　Fax.0798-49-5309
●東京編集室
東京都千代田区神田三崎町３－３－３　太陽ビル701号　〒101-0061
Tel. 03-3238-7530　Fax.03-6231-5566
URL　http://www.rokusaisha.com/
E-mail　営業部○ sales@rokusaisha.com
編集部○ editorial@rokusaisha.com

印刷所——中央精版印刷株式会社
ＤＴＰ——株式会社風塵社
装　丁——鹿砦社デザイン室

Printed in Japan　ISBN978-4-8463-1358-6　C0036